小止觀 講記

釋繼程 著

〔新版序〕

寫給台灣讀者

小為摩訶本摩訶圓攝小
止心於一處無事不成辦
觀法空假中解脫至正覺
講禪說止觀
記錄利禪眾

小止觀講記於廿年前出版是我主持靜七的開示筆錄初帶靜七時帶的方式仍以聖嚴師父的教法為依開示則以小止觀六妙門為據漸漸才以活潑沒有古籍為依而以禪眾身心狀態禪修進度為重作開示但此初期開示的筆錄都因有依據而體系清晰條理分明故出版後一直是靜七等課程的課本據知也頗受其他禪修者歡迎

今年六月應邀上法鼓山禪堂帶默照話頭禪十並講禪修課法鼓文化有意出版我的一些書小止觀講記是第一本出版者即索序於我勉偈二首是為序

二千零八年十月十七日戊子九月十九觀音誕於首都

太平繼程并題

《小止觀講記》於二十年前出版，是我主持靜七的開示筆錄。初帶靜七時，帶的方式仍以聖嚴法師的教法為依，開示則以《小止觀》與《六妙門》為據，漸漸才以活潑、沒有古籍為依，而以禪眾身心狀態、禪修進度為重作開示。但此初期開示的筆錄，都因有依據而體系清晰、條理分明，故出版後一直是靜七等課程的課本，據知也頗受其他禪修者歡迎。

今年六月，應邀上法鼓山禪堂帶默照、話頭禪十，並講禪修課，法鼓文化有意出版我的一些書，《小止觀講記》是第一本。出版在即，索序於我，題偈二首是為序。

二〇〇八年十月十七日戊子九月十九觀音誕於首都

〔總序〕小止觀講記

感謝佛菩薩的加被，感謝聖嚴法師的教導，感謝因緣的具足，感謝隨我學習靜坐、研究佛學的學生的協助，感謝佛友們的愛護與支持。因為這種種因緣，使我自台返馬後，能夠在個人福薄慧淺的情況下，依然進行弘法工作。而最使我感到安慰的是，看到靜坐課程在這幾年的努力下，漸漸地有了較有系統的教學法，也從普通的靜坐班，發展而有了初級靜坐班、三（四或五）日靜坐班、靜七、精進靜七的主辦，而在個人理想中，還想將靜七或精進靜七的期限延長至雙七、三七……，這無非是希望行者能把佛法的戒定慧三增上學的完整，通過密集課程及長期實踐的工夫而與生命統一，並應用在日常生活中，使佛法對人生的價值，充分地發揮。

但以自己多方面，尤其體驗的不足，因而必須以前人的智慧來充實，這是我研習天台止觀法門，尤其是實踐部分的重要因素。另一方面在佛法上，則以印順導師的思想為指引。當因緣使我在靜坐的教學上，必須步向密集性的課程時，對行者在止觀法門，包括了行持與教理兩方面的系統性教導，就成為教學的必須課程了。《小止觀》是歷代教止觀者所重視的，而我也不例外。當我終於在靜七課程中以《小止觀》為教學課本，我就盡量在佛法的思想、止觀法門的教學上，加上個人的經驗作適當的配合，使各方面能融會起來，而對行者有所幫助。

《小止觀》的「講要」與「續講」就是如此而完成的，今兩本合為一本出版，但兩者仍保持原貌，不作重組或重寫的工作，只是改書名為《小止觀講記》，蓋其已較完整，而具備了「講記」的內容。另外黃學明仁者標點註釋的《小止觀》原文，仍然是書中的重要組成部分，這使本書的內容更完整。

本書的出版，相信對我在止觀教學上，有更大的幫助，因為它可以成為靜坐課程的教本，幫助行者更好地掌握這個法門。

必須感謝的是十方出版社的黃學海、徐流等仁者在這些書籍出版上所付出的一切。

是為序。

一九八八年十月十一日於檳城

〔原序一〕小止觀講要

《小止觀》是一本很好的修行指南。對於修學禪定或止觀法門，有著很有系統的指導。不論從行文或內容組織上去看，都不失為第一流的著作，啟迪正確的修行觀念與方法。

在第一屆「靜（坐）七」時，我選《小止觀》為開示的依據，主要的原因即在此。但我不是「依文解義」式地照著其行文作語言上的「翻譯工作」。我只是依其內容組織及觀念，作了廣泛及多方面的解說。

由於時間（一共只有十二個小時）及個人學養問題，故沒有將全文講完。前半部有關「二十五方便」的部分，講得較詳細，而且也在其中廣泛地涉及修行過程的問題。後半部則講得較略，但本書中有《小止觀》原文。讀者可自行閱讀，以求進一步瞭解，而我則希望在另一屆的靜七時，能將這一部分作較詳細的解釋。

由於如此，本書題為「講要」，意即要點的講解，而非全文的講述。

《小止觀》原文的標點及注釋工作，是由黃學明仁者負責。這項工作做得很好，讀者必可從閱讀中，同意我的說法。宗玉孅仁者為我的講要錄音作記錄，也做得很好。若還有不足之處，是講者本身的不足，與記錄者無關。黃學海仁者負責編輯及出版事務，在此一併致以十分謝意。

由於本書將出版的消息，曾在《靜七夢痕》的序中提起，據知有不少佛友在等著看它的誕生，今終於滿大家的願了，但願大家不會對它失望。

在此循例寫下幾句話，是為序。

一九八七年元月十九日於三慧講堂

〔原序二〕小止觀續講

第一屆與第三屆靜七，我都以《小止觀》作為開示的講本。第一屆開示的內容，以前五章的二十五方便講得較詳細，故第三屆再講時，便加強發揮第六至第十章的內容。第一屆的開示，經宗玉孅仁者整理、記錄成《小止觀講要》，出版時將黃學明仁者標點及註釋的《小止觀》原文並收在內，方便佛友們參閱，而第三屆的開示，則由薛惪寧仁者整理成《小止觀續講》。因此可以說《小止觀續講》是《小止觀講要》的內容之延續，也是我在主持靜七與弘揚止觀法門方面的一部分工作內容。

止觀法門是佛教最重要的修持課程，因為完整的佛法修行，是戒定慧三增上學的均衡發展與全面的完成。而止觀法門佔其二，並且在修持時，亦絕不可忽略「持戒清淨」。因此止觀法門實已包含了佛法的完整修學。

若要真正修學止觀法門，必須有正確的理論基礎及正確的實踐方法。此正確觀念的建立與方法的實踐又非短時間可以完成，更不是以散心可以獲得大利益，因此長時間的用功及短期密集課程之加行，都是重要的。

從細水長流，按部就班的用功中，我們可以使定慧在內心中滋長而穩扎根基。從密集專精的加行精進中，我們投入最大的力量，以定心去突破個人修持上與思考上的局限，甚至開拓新的境界及體驗。

當我們將佛法或真理的啟示，應用到我們的日常生活中，這些啟示才是智慧。當我們將此智慧融入生命，而使智慧與生命統一，才能真正體見真理而超脫生死及一切束縛。

要使智慧與生命融合為一，可以通過止觀法門的修持而證得。而細水長流的用功，與專精密集的修持是應並重的，也是可以相輔相成的。因此參加靜七只是止觀修持的一部分，必須配合每日定時、恆心的用功，使工夫能成片。而平常的工夫，也可以通過靜七的行持而加強實行的力量。

在個人的用功上，我漸漸地明見於此。但因個人俗緣眾多，俗務纏身，雖明於此而未能完成，謹希望在未來的日子中，自己能在因緣具足下，在止觀法門的研究、實踐及弘揚上，有更深入的體驗，更廣大的發揮。

佛曆二五三二年（一九八八）　佛陀日序於雨城

目錄

卷二 小止觀續講

卷三 小止觀〔原文〕

卷一

小止觀初講

序言

《小止觀》前面有一段短序，介紹智者大師四部止觀。這都是依當時的觀念寫出來。一本是《圓頓止觀》，一本是《漸次止觀》，還有一本是《不定止觀》，而《小止觀》被稱為《童蒙止觀》。實際上，它的內容，在修學的參考方面價值很高。

所謂止觀，可分成幾種說法，如定慧、寂照、明靜。一般上止觀是指方法，修行的成果是定慧：修止便得定，修觀便得慧。寂是寂靜，是指禪定，而照是觀照，寂靜後必須起觀照，觀照外境，觀照種種現象，觀照一切本性，要起明覺的心。明是指明覺，靜是指定的工夫。這些都是異名，這些名詞在佛教中都有一定的意思。

中國禪宗所運用的方法跟止觀的方法不一樣。但其中一派曹洞宗他們所運用的方法，跟止觀有相當密切的關係。臨濟宗最後發展到話頭禪，就是宋朝大慧宗杲禪師所提倡，而他們所用的方法與止觀有很多不大一樣的地方。

曹洞宗用的是默照禪，默照與寂照的工夫是一樣的。寂便是默，語默便心靜，在寂靜時要起觀照的作用。而觀照時又有靜的工夫，所以默時有照，照時有默，定中有慧，慧中有定，這便是定慧雙修。在曹洞宗所教的方法是只管打坐，但是「只管打坐」並非守著一池死水。真正的默照禪，止中一定要有觀的工夫，在觀照的作用發生時，內心也要能止靜下來。

平常我們用功，不是止得過分，便是觀得過分。平常散心觀照，沒有定力，一旦修行時便把全部精神放到止邊，忘記了觀照。在我們開始訓練，想將心平靜下來時，我們會偏於默或止，但工夫用上時，兩種工夫都得用上去。所以默照禪雖只坐在那裡，但在只管打坐時，要保持一個明覺的心，每一個念頭轉動時，他都清清楚楚發現那個現象，因為在發現自己微細念頭的這種觀照的工夫，比我們平時要敏銳。在日常生活中，這明照之心沒有失去，發生什麼現象時，他敏快的反應馬上出現，在明照的工夫持續時，他的心是止於一境，不被外境所轉，同時用明照的工夫來判斷外境是什麼。所以修這種默照禪，或止觀工夫修得好的，動中也有靜，靜中有觀照。

心安穩在定境，又要有明照工夫，修行能夠在平日生活中都能達到這種境界，在待人處事方面，都有個明覺的心，這便是修學佛法的主要目標。修學佛法就是要培養這明覺的心理。我們輪迴生死便是無明。要超脫便得培養這明覺的心，所以你們在用功時要很清楚地知道自己在用功；在做按摩時，要很清楚自己在做按摩，心不隨著按摩的動作散掉。按摩時把注意力放在手掌上，隨著手掌在按摩時與身體各個部位所觸覺而明覺、專注。做運動時，我們盡量要使動作細，就是不要使心散掉，配合你的呼吸，配合你的心念。如果工夫用得好的話，在平常運動中保持一種明覺的心，第二支香上去時，前面第一支香的工夫便不受中斷，而能加深延續下去。工夫一直加深，即使腿痛也影響不到你。腿痛之所以能影響你，是因為你在做運動時把工夫放掉了。在第二支香時，才又重新開始，可是你的腿痛卻是延續前支香的腿痛。所以第二支香不到十分鐘，工夫還沒用上去，便腳痛，只有跟腳痛鬥了。假如工夫能延續下去，腿功也練得不錯的話，那麼連續坐兩小時，心神集中，即使知道腳很痛，也覺得不要緊。你並非麻木，你明覺它痛，但是內心不受它轉。明覺而內心不動，所以一切要保持明覺的心。在做運動時、在用功時、在聽課時、在吃飯時，都要清清楚楚知道。不要你們講話，便是要你們有返照的心。在靜坐中有明照的心，在動中亦要有明照的心。

正文

在正修的部分，講到止其實亦在講觀，因為止觀應該是同修的。亦有講到動中觀照的工夫及禪定中和日常生活所應注意的事。

《小止觀》分成十部分，第一到第五其實便是中國教導禪定的二十五種方便，每一部分有五種。即在用功時所應有的方法和心念，及在用功前所應作的準備工夫。方便即善巧，要能有適當的適應與改變，不然便不能成方便了。但是我們必須捉緊幾個根本原則，尤其是〈具緣第一〉，五種緣裡是對古代出家人而講，現代就得用現代的眼光來看，但原則不改變。這裡參閱的價值高，便是原文捉緊了原則，而不是枝末的方法。在捉到原則之後，枝末的方法便能融通了。智者大師論文的文字並不深，難的是不易捉住智者大師著作的體系，因為他的著作多是演講稿，我曾把《釋禪波羅蜜》和《摩訶止觀》作了表解。《摩訶止觀》之表已發表在太平佛學班的特刊裡，至於《釋禪波羅蜜》的表解比較複雜，整理好了，但未發表。而《小止觀》的體系較簡單，系統較清晰。

本文一開始便講到一首很平常的偈頌：「諸惡莫作，眾善奉行，自淨其意，是諸佛教。」這是佛陀早期還沒有制定戒律時對弟子說的，我們因經常用它而以為很平常。其實它包含的內容很深，可涵蓋佛教修持的法門——戒定慧。佛陀早期的弟子都很清淨，沒有犯戒，所以不須制定戒律。這句偈頌可代表佛陀那時傳戒的說法。戒有消極與積極兩面，諸惡莫作便是消極的止惡，眾善奉行是積極的善行，是戒的止持與作持。自淨其意是從禪定的工夫引發智慧，清淨煩惱，這就是戒定慧。智者大師在止觀一開始便拿出這首偈，可見他對戒定慧的重視。

文說「泥洹之法」，泥洹就是我們翻譯作涅槃。依大乘佛教來講就是佛的涅槃。

「入乃多途；論其急要，不出止、觀二法。」我們有句話說方便有多門，我們要進入成佛的大道，涅槃之大道，門路很多，但歸元無二路。這裡是屬於止觀法門，所以強調的是止觀二法。他把止觀分為二法，但是修到高深時，二者是可統一的，不過在修持的過程中，止觀是兩種不同的修行方法。

這段必須與序文一段話一起講：「考諸佛之修證，莫若止觀。天台大師靈山親承，承止觀也。大蘇妙悟，悟止觀也。三昧所修，修止觀也。縱辯而說，說止觀也。故曰：『說己心中所行法門，則知台教宗部雖繁，要歸不出止觀。舍止觀不足以明天台道，不足以議天台教。』」意思是智者大師所修、行、教都是止觀法門。這是他對止觀法門深入的體會，由內心流露出來的止觀思想體系。諸佛的修證，甚至可說都在止觀。可見智者大師當時多注重止觀修持法門。可是，天台宗發展到後來，只有智者大師的思想得到發揮，而止觀的修持方法卻受忽略了。

這是因為智者大師的止觀是有條理、有修行步驟的。不適合中國人似乎不喜有程序、有學術性的方法，加上智者大師的確是太了不起，在他以後，天台宗便有沒落的現象。後來雖然有湛然荊溪起來復興天台宗，把天台三部作了註解，還有宋朝的山家山外起諍論，但是後來都沒有什麼大成就，把止觀法門忘了，反而編出很多通俗的拜懺方法。

所以宋朝以後，流行的只有強調簡要的淨土宗和圓頓的禪宗。淨土宗和禪宗本來是有豐富的思想體系的。可是發展到最後，淨土宗只有持名念佛，強調一句佛號可包含三藏十二部經典。而禪宗也一句話頭可包括整個禪宗。這都是一種偏差。

止觀法門使我們修行的工夫落實下來，先把禪定的工夫修好，把基礎鞏固了。以後修其他法門如參話頭、念佛等，才能條理分明，對修行幫助不少。《小止觀》遲至近代才有一些人作了註解，《摩訶止觀》還是荊溪大師的註解最好，《釋禪波羅蜜》到現在還沒有人去註解，《六妙門》也沒有註解，大家都逐漸忘記了這有程序、落實的修行方法了。

下面一句也是強調止觀的重要：「止乃伏結之初門，觀是斷惑之正要；止則愛養心識之善資，觀則策發神解之妙術；止是禪定之勝因，觀是智慧之由藉。」

「止乃伏結之初門」，許多人以為修禪定就能斷煩惱，其實止只能調伏我們的煩惱。「觀是斷惑之正要」，我們要起觀想，智慧才能斷煩惱。修禪定時，妄念煩惱不起並非沒有，只是我們心力很強，不得發揮。定力一退，妄念就湧現了。但是沒有定來伏煩惱，要用觀來斷煩惱也不容易。觀需要止的法門來扶助，平常作觀想力量不夠，必須入於定中起觀想才是真正的觀想，效果才大。

「止則愛養心識之善資」，止能培養心識的力量。沒有止，我們無法發揮力量，散心是沒有力量的。「觀則策發神解之妙術」，神解是對佛法有一種心領神會的妙解。能對佛法深入體會，這必須靠觀想。心領神會才是真正瞭解佛法，不是單在字面上的瞭解。

「止是禪定之勝因，觀是智慧之由藉。」要得到禪定的工夫，一定要修止的法門。要得到智慧，一定要修觀想。定慧雙修才能走完涅槃大道。

「若偏修禪定、福德，不學智慧，名之曰愚；偏學知慧，不修禪定、福德，名之曰狂。」以六度來講，持戒、布施、忍辱、精進、禪定是修福德的法門。如偏修前四度或僅五度，都只是事相上的修行。不管如何修，都是有限制的。沒有智慧的引導，不能發揮理性的作用，這還是愚。但若偏於理性智慧，忽略了事相，便是狂，不落實。現在人的修行，不是偏於事相便是偏於理性。

譬如拜懺和持戒時一便是一，二便是二，非要如此這般不可，缺乏活潑適應力。修學起來與人格格不入，還以為這才是學佛的人，他們事相的工夫做得好，卻不懂得用智慧來疏通。佛法是以智慧為引導，非強制壓抑。以為把堤岸築高，河水便不氾濫。一旦支持不住堤岸崩潰了，那後果便不堪設想了。也有人在事相用工夫的，以為修行是一天只能吃一餐，晚上不可躺下睡覺。其實，這只是自討苦吃，佛陀六年的苦行也放棄了，因為苦行只是一些鍛鍊意志的方法，非修學佛法的正常道。

另外一些偏重理性的，不懂得解脫者所謂順著法性、任其自然的生活，而以為表面做得灑脫，喜歡做什麼便做什麼，這便是自然。其實那只是煩惱，不是法性。那些以為自己是理性皈依三寶，不注重事相皈依，認為不需拜佛的，都是狂、傲慢。如他不知自己的境界便是增上慢，如知道自己的境界便是大妄語。學佛學到什麼都不要，以自我為重心，我執愈來愈深的人的確不少。

這是不瞭解理事無礙，事相的修持固然重要，卻要理性來引導；理性的提昇固然重要，但也要事相來扶助配合，作為基礎。所謂五度如盲，智慧如導，而沒有福德因緣，沒有禪定的工夫，智慧不能引發。從書本上瞭解的只是世俗智慧，一定要植根於整個身心、整個修行，達於統一的慧解，那真正深刻的體會才是慧。戒定偏事相，慧偏理性，兩者要統一，修行這才是完整。平時人修行有所偏重是難免的，這是個人習性所造成。

偏重並非偏廢，偏重是在注重某一法門時還照顧到其他方面，但是絕不可廢除任何部分，這樣子修行才是理事兼顧。

「止觀豈非泥洹大果之要門，行人修行之勝路，眾德圓滿之指歸，無上極果之正體也？」這裡雖強調止觀的重要，但是我們不可忽略持戒及修福的其他法門。只是說，我們若要往上提昇自己，那麼我們便得著重在止觀法門上。

此文分作十部分。從第一到第五是方便，方便有外在的方便和與靜坐直接有關的方便。第六是正修，第七是正修以後，善根顯發的狀況，善根發時如何不斷地提昇，第八是所謂魔境出現時的狀況及對治的方法，第九是修學禪定出毛病時對治使復原的方法，第十是證果之果位等。

前言

在所有密集的修行訓練課程裡，常有一些開示，如佛七與禪七也都有開示，開示一般上是針對修行者的需要而說的。不過，我們的靜七是一個靜坐的課程，我們希望這個靜坐的課程有個條理化的程序，所以在開示方面，也希望有個系統。在所有教導靜坐、止觀或禪定的法門裡，到目前為止，有關的著作以智者大師在這一方面的成就可算是最高的。自從智者大師將止觀的方法，在修學前和修學禪定工夫時，一些所需要做的準備工夫都整理出來以後，止觀法門才有了條理化的發展。後人在學習和教導止觀法門，都是照著他的方法去做。雖然有些人也整理了一些靜坐的資料，或是用自己的話寫了一些止觀方面的書，但是，他們都是參考智者大師的著作。

當修學佛法時，禪定工夫是很重要的。我們不管是從哪一角度去看都可看到禪定的重要性。所以講到修行的法門，我們一定談到靜坐的法門。當然，我們不可以說靜坐是包含所有的法門。不過，如果我們要讓所學的法門發揮最大的力量，我們一定要經過靜坐的課程。

譬如作觀，平常我們也在作觀想，思考佛法。所謂「聞、思、修」，很多人在聽聞佛法後，也在「思考」，但是這只是散心去思考。再譬如念佛，平常人都是散心念佛；散心思考、散心念佛，並非沒有功效，只是功效小，甚至有些相當微弱。我們發現，散心作觀最多只能在文字上繞圈子。

假如稍有禪定的工夫，便可以運用禪定的方法來作觀想。盤起腿，讓心先平靜下來，讓妄念逐漸減少，然後才起觀照。這樣以安定的心起觀照的意境，要比散心觀想的效果好得多了。念佛亦如此，一般人以為把阿彌陀佛念得琅琅上口便是念佛了。其實，把阿彌陀佛念到隨時都有佛號圍繞著，並不表示沒有其他的妄念。因為不只人的行為有一種慣性的作用，人的念頭也有一種慣性的作用，念阿彌陀佛念慣了，它只成為其中一個念頭不失去而已，其他的念頭照樣那麼多。譬如想一個人想久了，他便時常出現在腦海裡，印象非常深刻，但並非唯一的念頭。這樣散心的念，工夫是用不上的。念佛要念到心能夠止於一境，那才是工夫，那是配合了禪定的力量，這種效果便不一樣了。

禪定工夫是非常重要的方法。因為我們必須藉用禪定來發智慧，但它絕不是我們修行的目標。這方法，在我們一切修行法裡，佔有重要的地位。因為禪定的方法，比一般修行的方法要專門得多。一般的法門，如持戒或念佛、拜佛或其他信願行的法門，在平常生活中很容易用上去。但禪定的工夫，在平常的生活，外境一多，心一散出去，便無法在這樣的環境中用上工夫了。修定一定要有固定的地方、一定的時間、專門的工夫，所以禪定是較專深的工夫。

在用禪定的工夫時，身心都會起變化。這種通過禪定工夫而起的變化，是一種正常的反應。平常人的身心習慣了隨著外境而起種種反應，而以心（第六意識）來講，這種反應又使得第六意識養成一種自然的反應效果。這便是因果循環了。

禪定的工夫是比平常的工夫要高深，先要把向外的心收回來，不讓它隨著外境轉，還要它能安止在一個境界上。這境界又是我們刻意要的境界。平常，要我們的念頭特意去想某一件事時，好像多少可以控制它。但是，我們發現，大多數時候都控制不住我們的念頭。很多我們明明懂的，要想時，它就是不出現，而那些不要想的，又偏偏會去想。我們的念頭就是時時隨境轉，收不回來。現在我們要把它收回來，要使內心止於一境，它便不停地在改變。禪定的工夫加深時，那本來向外，很粗的心便漸漸轉細，而止於一境。在這段轉變的過程中，我們的心便不斷地達到我們要的目標。

內心的轉變在每個人用功時都能覺察出來，譬如數息，要怎樣的用功才能把一切妄念止息，直到整個身心就只有數息的念頭。在這過程中，最初行者會發現妄念特別多、特別強，數息的念頭時常給妄念打斷，要過一段相當長的時間才察覺把它捉回來，可是工夫沒捉緊又被妄念打斷了。這些妄念愈要對抗它們，它們愈強烈，因為那想對抗的念頭本身便是一個強大的妄念。所以那本來微細的數息念頭更加難捉緊了。

唯有用更大的心力去數息，直到一個時候，那妄念照樣很多，但是非常清楚，而數息的念頭並沒有失去。漸漸地，行者可以發現那些念頭在轉動，可是它打斷數息的力量已慢慢在轉弱。慢慢地，數息的念頭愈來愈清楚，而妄念也愈來愈淡。淡到最後，只感覺到一個數息的念頭在那裡。

在轉變的時候，內心便會產生種種的反應。如感到內心鬱悶有種將它衝破的感覺，或可能有要發洩的感覺，這些反應都是非常自然的現象。但這種現象出現時，最重要的，我們要明覺到它的存在。行者要知道它的出現，要知道自己還在用功而要把這些現象放掉。捉緊自己的工夫，不要去理它。不要執著。這些反應便自然消失了。

這時數息更清晰，心更微細，而感覺到數息是一個很累的工夫，所以把這數目字放掉，呼吸慢慢轉微細，直到不能再感覺到它的存在。那時，念頭便安止在一個境界上。這境界並非一個固定的境界，而是保持一個明覺的心。在微細的心裡，可以發現還有一個很微細的念頭，一直在潛伏浮動。這浮動的念頭是很弱的，這是我們無始以來的煩惱、習氣，如只靠定力是無法把它斷掉的，所以我們要明覺到它的存在而不要隨著它轉。

在生理方面，心理轉細時，生理的結構也要起某種變化來適應這種心理。人的身心是相應的。假如色身是粗，心理也是粗，色身是細，心理才會細。在修禪定時，我們的心要讓它細，我們的色身也會自然轉成一種微細的作用。所以修禪定修得最好的人，進入初禪或二禪時，他的色身便轉變成初禪或二禪的色身，初禪與二禪是屬於色界天，他們的色法比我們的色法要微細，所以禪定工夫用得好的人，生理都會起變化。

這種生理的變化並不只是形於外的。在外表上，可能有某一程度的表徵，但它卻不是完全能從身體表現出來的。不過禪定工夫用得好的人，他的臉色是不一樣的，有時聽人說某人有修行，氣色很好，紅光滿面，這是正確的事情。那麼一個人在走倒運、受到挫折、心神提不起來時，臉色也不好看。所以，為什麼說相命師一看對方臉色，便知道對方現處於怎樣的狀況。所謂相由心生，內心微細時，我們的身相便隨著變細了。

這種身心的反應，在我們修學的過程中都會發生，只是在發生時，有些人所顯現的動作會比較粗，有些人動作比較細。有些只是他的內心，他身體的內部在發生這種作用而沒有表現出來，在他身體內部發生作用時，他的色身已有改變，只是他沒有讓我們感覺到。所以有些人在靜坐時，工夫愈用愈細，而沒有什麼動作表現出來，有些人呢，在工夫慢慢用進去時，他就會有很多動作出現。那麼在修學中，如果不瞭解這情形，在身心發生反應時，便很容易被它轉，或者產生一種害怕的心理，或者在別人發生這情況時，會起一種錯誤的觀念。尤其我們從書本裡或小說裡得到不正確的觀念，以為修學禪定會走火入魔，其實那種魔都不是外魔，而是我們內心產生的魔。這是某些人在強調這方面而產生的誤解，在佛教禪定裡，種種現象的出現都是很正常的反應。行者會不會出問題，是在行者內心或外在出現反應時，用什麼方法來對治它（所謂魔，只是混合了道家的說法，在佛教禪定是沒有這種觀念的）。假如用的方法正確，便發現一切都能應付，假如用的方法不正確，便發現這一切都是魔。所以魔是什麼意思呢？魔是一切障礙我們修行的，不管是外在的境界或是內在的境界，只要起一個念頭，說不要修行了，這念頭就是魔。外境出現，轉移注意力或產生恐懼感，對禪定的工夫或其他法門產生一種不想上進的心理，這便是魔。這種反應出現時，用的方法不正確或者觀念不正確，結果阻礙修行，使行者不肯上進，這也是魔。

佛教在講禪定時，主要是要瞭解禪定的過程，然後怎樣去糾正它，怎樣去對治它。因為禪定是一個很專精的法門，所以在修行時一定會出現很多問題。但不管大問題小問題，它都逃不了幾個原則；不管是現象出現及它對治的方法，都有一定的原則。

如果我們能親近善知識，現象出現時，我們可以請教他對治的方法；如果沒有機緣親近善知識，我們可找一些參考書，但是找書必須找那些真正有價值的參考書。現在市面流通的禪定參考書的確不少，但是不是合用或值不值得參考，那就要考慮一下。其中要考慮的，這本書在教禪定時它是否有把這些原則告訴我們。有些人在寫書時，並沒有修行的工夫，所以把從其他書裡找到資料列出來，告訴你一些方法。就如前些時，有位居士寫了一本《怎樣修行佛法》的書，結果書裡列了十幾二十種修行的方法，每一種方法都是從別人的書裡拿出來，然後用自己的話稍微修改了寫下去，但沒有告訴你問題出現時如何解決。假如你照著那本書的方法去做，問題一旦出現了，可是當你翻完整本書都沒有教你對治的方法，那時就慌張了。假如碰不到善知識把你帶過去，即使是輕微的問題，因為你慌張而變成你的障礙，那便是你的魔。我們修學時，最重要不可恐懼，要有堅定的信心，捉緊方法對治它，便不會出問題。不然的話，理智恐慌失措，即使小問題也成大問題了。

所以，好的參考書必須明確的告訴你在修行中所可能出現的境相是什麼，所發生的問題是什麼，所謂的魔境是什麼，而這些境界出現時，我們如何去應對它，對治的方法是什麼。有些教你許多方法，有些教你幾個主要的方法，你只要捉緊幾個主要方法，來對治一切問題，那就是根本的方法，而有些卻連枝末的方法都有講。

在所有的參考書裡面，智者大師在這一方面的資料最齊全。在他幾本有關止觀法門的書籍裡，如《小止觀》裡：〈覺知魔事第八〉、〈治病第九〉、〈善根發第七〉，就詳細的講到。在〈善根發第七〉更清楚告訴行者，以前修學的善根或在修學禪定具備的善根，顯發時是什麼相，如果是好相，便要知道是好相，但還是不能執著它，要讓它再進一步。在〈覺知魔事第八〉就講到魔境出現時，要覺察到它，同時如何去對治它。而

〈治病第九〉，平時修學禪定，有毛病時，是有方法對治的。這一些，都在《小止觀》裡講到，而講得最詳細的是《釋禪波羅蜜》，在魔境顯現時，或惡根煩惱顯發時，種種不同的境相及對治的方法，以及在善根顯發時如何引導它，《釋禪波羅蜜》和《摩訶止觀》都有詳細敘說。此外，智者大師的禪門口訣，也有講到很枝末的問題，如在修學中，身體突然發熱發冷時怎麼辦，胸口有股悶氣時，如何作觀想解除等。

智者大師在三十歲時，便在金陵（南京）瓦官寺教禪定，在那之前，他已經跟他的師父學過很深的禪定工夫。他又運用《大智度論》的資料，還有其他禪師的一些經驗，把它組織成有系統的禪定程序，靠著他本身很豐富的經驗，所以修禪定所可能出現的種種現象，他即使本身沒有經歷過，他所教導的弟子都一定有過這種經驗，所以他在教時，都懂得用方法對治。後來他發現自己應該作更深的思考、更深的修行，便隱居到天台山十年左右的時間，後在荊州（玉泉寺）講《摩訶止觀》、《法華玄義》和《法華文句》，這便是天台三部。《摩訶止觀》是講止觀的修持和止觀的思想，《法華玄義》是解釋《法華經》的經題，《法華文句》就是在解釋《法華經》的句子。它們的內容十分豐富，天台宗的思想都是根源於此三大部。

智者大師在講了《摩訶止觀》即圓頓的止觀之後，因適合中國人的習性，所以大家都轉移到圓頓的方面去。實際上，智者大師在教導止觀法門，比較能讓我們在平常修持的工夫運用上去的是《小止觀》和《釋禪波羅蜜》。《摩訶止觀》也有一部分在前面說到修行時也好用，而後面都是思想的發揮。若要肯定天台的思想，也要肯定天台的修持，兩方面內容的精華所在都必須清楚。如果要在修持上用工夫，那麼《小止觀》和《釋禪波羅蜜》是很好的法門。此外，智者大師的《六妙門》雖然不是他重要著作，但講到六種修行的方法，三種屬於止，三種屬於觀。在修持時，前三個：數息、隨息、止息。然後觀、還、淨。《六妙門》分十章，其中最好用為第二章，講得比較詳細，如怎樣是數、數成就、隨、隨成就、止、止成就，然後又怎樣是觀和觀成就，都詳細寫出來。

講到對治的方法，《摩訶止觀》、《六妙門》、《小止觀》及《釋禪波羅蜜》也有講到，尤其講惡根顯發時，《釋禪波羅蜜》講得最詳細。惡根和魔是有點不同，惡根是一種煩惱，我們在修行時煩惱出現的心境，是怎樣的現象，該如何對治它。有時不是內心，而是在念頭裡顯現某一境界。假如不明白，便會被這境界轉移，成為障礙，如果明白那是煩惱，知道是怎樣一個境界後便懂得如何應付。智者大師連方法都告訴了我們，所以這些都是很好的參考書。假如我們在修學上把握了基本的方法，就算沒有機緣再接近善知識，只要我們閱讀能力可以的話，把這類參考書詳細讀一遍，那麼在修學過程中可能出現的境界，我們都可以應付它。

最主要的，我們已經知道這是一種很自然的反應、自然的現象。若我們的內心穩定下來，能做到這一點，我們的問題已解決了一半，不能做到這一點，則會產生更多問題。那些修學出問題或修學到一半不敢修的，便是不瞭解這現象，以為靜坐便是一直坐在那邊沒有什麼反應，而看到別人出現反應時，以為是不正常的現象。甚至一些教導靜坐的人都不瞭解，這主要是因為他本身沒有經歷，又沒有參考別人的資料，沒有找到好的資料。

其他從印度翻譯過來的靜坐資料也有好的，但是智者大師的資料很齊全，所以我們一直都在運用。這次，我們也講他的《小止觀》，大體上把有關的觀念及現象稍微講一下。要詳細的講是不可能的，因為他的《小止觀》雖只有一卷，但內容相當豐富。我在這裡作了一個《小止觀》的綱要，主要是讓我們在讀《小止觀》時，知道它的資料是如何組織的，重要的內容是什麼，這樣才容易將它的主要思想連貫起來。

具緣第一

修學佛法，首先要具備五種緣。這五種緣是外在事項上的方便，是有關持戒與福德方面，間接影響禪定的方便。要修行止觀，沒有福德是不能成就的。若要真正修行，要找到一個適合修行的地方，不能太嘈雜。所謂「聲為禪刺」，最忌尖銳的人聲。最好是林下水邊，因為自然的海潮音、流水聲能使人觀音悟道，另外要有善知識。例如閉關時，護關者要是一個經驗豐富的人，能在你遭遇困難時給你提示，還需外護供養飲食。所以，修持中，福德因緣是很重要的。學佛的人不可走極端，要廣結善緣便是這個原因了。

持戒持得好亦能廣結善緣。戒包含止惡和行善兩部分，如能把握到戒的完整內容，止持方面能跟人保持良好關係，作持方面使我們去布施、護生、利他，這便能廣結善緣。所以結緣不是攀緣，結緣是希望把自己的好處布施給別人，而攀緣是希望從別人身上得到好處。我們對待對方好的原因，只是不想結惡緣，大家相處在一起，應該結個善緣而已。

一、持戒清淨

持戒清淨在修學禪定的重要性是肯定的。止觀雖著重在定慧方面，都是屬於專修的。但是具緣第一，二十五方便裡第一便講持戒，可見持戒並沒有被忽略，而止觀是一門完整的修行（只要依照止觀這一方法，或依新的經驗重作整理、教導和實踐，那麼禪定的工夫一定會有很好的效果）。

佛法的戒定慧都是增上學。戒定慧必須能發生增上的力量才被稱作戒增上學、定增上學和慧增上學。修學時，把戒定慧各別分開不是增上學，必須能把它們溝通整合才是增上學。譬如我們修的是戒增上學，那麼我們能夠依戒而得禪定，但如修戒時沒有想依戒的力量使我們在定學上產生力量，那只是普通的戒學。而我們要修的是三增上學，修戒時要能依戒發定，修定時要能依定發慧，修慧時要能發無漏慧而斷煩惱。

如果我們修的是戒增上學，那麼所發的定一定是正定，正定不但能發智慧，它也能清淨我們的戒行。這是定共戒，有正定的人，他的戒行自然而然會清淨，自然有止惡行善的力量。依戒定所發的智慧是清淨慧學，它能清淨我們的定學和戒學，所以能發正慧的便能得到道共戒，這是跟智慧相應的一種戒。證到這無漏慧或清淨慧，自然而然會有與慧相應的戒行，而不需要戒條——別解脫戒來作規範。佛陀早期的弟子多是阿羅漢，依他們的智慧，他們是身語意就有一種戒行的作用，所以佛陀不須為他們列下戒條了。中國的禪師多是開悟的，從內心的智慧裡表現出一種戒行，雖然他們沒有嚴行戒條，但是他們都不會犯上戒行的原則。但是道共戒的境界是很高的，並非開悟的人不守戒，只是守得更清淨。真正能守戒清淨的，最少要證到初果以上，初果能斷殺生，絕對不犯邪淫，而四果才能完全斷淫欲。凡夫不如聖人，還有煩惱，心行不清淨，所以還需戒條來約束自己。

佛陀的弟子多了之後，良莠不齊，才開始有犯上錯誤的。所以，便依我們內心煩惱所可能犯錯的言行，才制定了戒律。我們內心雖然還不清淨，但是依著戒律，便不會因內心的煩惱而犯錯，也讓我們的行為更清淨。在修禪定時，這清淨的行為便產生一種力量。八正道裡的正定必須依正語、正業、正命，這便是戒行。學佛的人是要修正定——即定增上學，不是普通的戒行。所以，必須作個善人，這樣所發的定才能引發智慧。戒行守得不好的人，有了定力，是很危險的。一個沒有力量的人已在做壞事了，一旦有了力量更不堪想像！所以八正道一定要依正見而發正定。

因此，開始便說：「依因此戒，得生諸禪定及滅苦智慧。」這裡的戒是別解脫戒，屬於事相上的。除了聲聞戒，也有說到大乘菩薩戒。菩薩戒是重於利他的，行持菩薩道，常以大無畏的精神，為了救度眾生而犯戒的。如在瑜伽菩薩戒裡講得很清楚，為了救度眾生，寧可犯根本戒，墮地獄。這是一種只為利他，勇於承擔的精神。對於行菩薩道的，可以有這種要求，但對一般人來說，沒有這個要求，只要把戒守好便可以了。學佛的人先把戒守好，使身語行合乎正道，使身行立於較穩固的基礎才去實行其他的法門，這是最基本的。所以一開始便說持戒清淨。

其實戒律是一門相當高深的學問，如何行持到戒行清淨，怎麼發揚持戒的精神，戒律裡的開遮持犯及各種有關戒學的學問，如弘一大師、道宣律師等，就是窮其一生之力在裡面。

再來說到三種不同持戒的人，所謂三品戒：上品、中品、下品。

上品戒是還沒有做佛弟子時，不造五逆——就是最嚴重的惡行：殺父、殺母、殺阿羅漢、出佛身血、破壞僧團和合，犯了是無從懺悔的。在大乘佛教裡總給人希望，也給造五逆的人懺悔的機會。但是有人誤解了大乘佛教的廣大寬容，故意去造惡，失去一種嚴厲的行持，沒有犯五逆罪的人後來遇到良師，皈依受戒後護持無所毀犯，把根本大戒及重戒守好，犯上一些輕微戒時生懺悔心。這樣，他若修禪定，很容易便證到佛法，就好像清淨的衣服容易上染。

中品戒的人，「若人受得戒已，雖不犯重，於諸輕戒多所毀損，為修定故，即能如法懺悔，亦名『持戒清淨，能生定慧』。」還沒有受戒以前，沒有犯五逆罪，但受戒後，雖沒有犯重戒卻不能守好諸小戒。戒可分根本戒和遮戒，遮戒也分輕重，重的戒也難懺悔。他只犯輕戒，為了修禪定而懺悔，也可恢復清淨，但是效果當然比上品稍差，因為要浪費時間來懺悔。如不犯戒，利用這段時間來修正，那一定更能發揮力量。

下品持戒的人，「若人受得戒已，不能堅心護持輕重諸戒，多所毀犯。」受戒後，不能堅心護持，重戒輕戒都犯。「依小乘教門，即無懺悔『四重』之法」，四重法即殺、盜、淫、妄。殺——殺人，盜——在佛陀時代是偷五錢以上，現在所偷款項則非常高，凡國法要判罪的即犯戒，淫——出家人是淫欲，在家人是邪淫，妄——還沒有證到境界告訴別人已證到。這些都是根本戒。大多數的人是不會犯根本戒的，犯的都是一些小遮戒。除非把整個身心投入在持戒方面，否則很難不犯。小遮戒很容易懺悔，在佛前發露先罪即可。但是這四根本戒是不通懺悔的，破了也不能再受戒，除非來世。因為這是盡形壽的，犯了以後戒體自然失去。

「若依大乘教門，猶可滅除」，這裡雖這麼說，但是我還沒有找到哪部經典是教導我們如何懺悔四根本戒的，可能當時有這麼一部經典，只是我不知道。大乘的懺悔方法與小乘的懺悔方法是不一樣的，小乘的懺悔方法重事相，一定要有儀式。假如犯了次重戒，必須有二十個清淨比丘作羯磨，還有一段處罰的時間，要為僧團服務，失去種種資格。過後，才能恢復清淨。大乘懺悔的方法較重理性，是用觀想的方法。曾有部經書說四根本戒亦能懺悔，但需要三十個清淨比丘，只是這本書現在已無法找到。而《阿含經》中有佛對阿闍世王說，犯了罪能改，還是有希望的。

這裡講到的十法，能使我們的懺悔發生作用。一者明信因果，就是先要有佛教的正見，明白和堅定地相信因果，如不相信因果，絕對不生懺悔心，做壞事也不怕，那懺悔也不會成功了。有了正見，瞭解到因果的必然性，知道犯錯後，自己在修行的道路上會有障礙，非得好好懺除這種業障不可。而且自己也明信因果，知道用懺悔的方法還是能幫助自己挽回，所以才會去懺悔，並且要能相信了才有信心，才會依這法門去實踐。

二者生重怖畏，對自己所造的惡行，有怖畏的心，害怕自己在造了惡行後有惡報，惡報除了障礙我們的修行還使得我們承受苦果，那我們不但不能修行，還會墮落。怖畏的心理才能加強懺悔的心理，害怕了才不會再犯。這怖畏的心能警告自己不可再犯錯，所謂「凡夫畏果，菩薩畏因」。惡果是無可避免，但是惡因卻可避免，凡夫顛倒，造因時不害怕，果報來時才害怕。如能明白畏因，害怕造作一種惡業，不去做便不會受惡果。所以怖畏使我們不敢去造更大的惡業。

三者生起慚愧，慚愧心是一種向善的力量，知道自己的不足，很多方面都不好，知道自己會造惡業，是一種羞恥的心，而不敢造惡業，並想要改善自己。沒有慚愧心的人不能上進，那些光天化日，明目張膽作惡事的人是無法可救的了，因為他一點慚愧心都沒有。

四者求滅罪方法，大乘經都有敘說，後面也有說到，這可能是為什麼天台宗發展到最後就很重視懺悔方法的原因。天台宗拜懺的儀式最多，都是依「梁皇寶懺」和「水懺」而編，只是比較短。這些懺悔的方法是適合一群人的，如果是自己，可以先念〈懺悔偈〉，然後拜佛，或單單拜佛，規定自己拜多少，在佛前發露先罪，求佛加持，使得自己回復清淨，發誓不再造，再拜多少拜，每天如此，亦是懺悔的方法。

下面講的是觀想的方法。如五者發露先罪，要在佛前先把自己的罪行講出來，然後把我們那造業的相續心念斷掉，即六者斷相續心。我們有這種惡行，便是因為有惡念。如果我們讓這種惡念相續，我們還會繼續造惡，所以我們要把這惡念斷除，希望這惡念不能再發生力量。

接下來是把心念放大：七者起護法心，我們不但要斷惡相續心，還要造更多善業，生起護法的心。接著要發〈四弘誓願〉，發大乘心，使功德增長，惡念才能消除。所以八者發大誓願度脫眾生，九者常念十方諸佛。

十者觀罪性無生，這是大乘佛教裡，懺悔法門一個非常重要的觀想。觀想工夫做得好的，懺悔的確能達到很好的效果，這要靠禪定的工夫。所以還沒有禪定時要懺悔，而修禪定後亦能助我們的懺悔。因此佛教的修行都是相輔相成，把方法個別孤立起來，效果小，但是把它合起來效果就大。並非要戒守得好才能發定，也非定修得好才能發慧。這裡雖然一直在說修禪定前須守戒清淨，持戒不清淨須懺悔，但是並非意謂持戒時不可修定，在懺悔時，亦在修定。

接下來說到懺悔時要「莊嚴道場，洗浣清淨，著淨潔衣，燒香散花於三寶前，如法修行。」這是加強那種清淨莊嚴的氣氛，要利用道場的莊嚴，本身的清淨來清淨內心，然而有的非常複雜。要使人能生歡喜心，即使一些普通的拜懺也要事先做一點布置的工作，這是對此法門慎重的態度。現在的人在這方面較不重視，所以氣氛也差多了。

古時寫經亦是很認真莊嚴的，目的是要提起對法崇敬的心理，這樣所行的法門才會有效用。他們寫經的房間要布置得很莊嚴，一切工具都是上好的，室內還要焚香。寫經前沐浴，著清潔衣，燒香禮拜。要進行一番儀式才進房內，端坐寫經。所以有說寫經寫到筆頭出舍利子的，可見古人用心之深。

現在的人，若不想如此布置，但為了懺悔更能收效，在拜懺前做一些心理準備的工夫也是需要的。如沐浴、穿著整齊、燒香散花，至誠恭敬的禮拜，是可以做的。

拜懺一般以七天為期、三七或一月、三月，甚至經年，即長年的拜下來。長年拜與短期拜可能不同，短期拜可一整天，長期拜卻是在一天內撥出一定的時間，那就是密集或長期的課程，使達到一種境界，這一境界即意味罪已減去了才停止。有可能拜了很長久的時間都沒有效果，這是因為個人罪的輕重與善根的深淺不同。這種重於事相的懺法亦偏重事相的顯現，拜懺時要拜到見到瑞相才表示重罪滅相。

這些瑞相，這裡都有談到，在至心懺悔時，如果突然間感到「身心輕利，得好瑞夢」便是「重罪滅相」。但可能這夢並非好夢，如夢到自己排泄骯髒的東西，根據某一論師，這也是懺罪的效果。一般上是偏重瑞夢，如夢見佛或菩薩或夢到光明，或是在修行時見到各種「靈瑞異相」，如見五彩光色等。

「或覺善心開發」，有些人拜了以來，善根突然加強，這也是心理的一種轉變。如發菩提心，或要做種種佛教事業、種種修行等。

「或自於坐中，覺身如雲如影。」那是在靜坐中，突然感覺很輕安。「因是漸證得諸禪境界」，從中證得禪的境界，能證得禪的境界即表示修禪定的某種障礙已除去。障礙之所以存在是因為業障的存在，障礙消失了也表示業障除去了。禪定的工夫也不會受到阻礙，這也是懺悔功效顯著了。

「或復豁然解悟，心生善識法相」，那是內心突然有個開悟的感覺，對於佛法的義理有更深入的理解。

總之，在懺悔時，產生外在的瑞相，或是內心所起的一種改變，這種改變是屬於善的。或是一種智慧的顯現，或是一種禪定的境界，或是屬於善法的，那是善心顯發。這可以使我們持戒的心更加堅強，禪定的境界加深，理解力也開發。這些都是懺悔得到的效果，有時在拜佛或打坐時，都會出現這種種心態的轉變。這當然是用功或拜懺的反應了。

「隨所聞經即知義趣，因是法喜，心無憂悔。」智慧開發了，理解力加強了，在聽聞佛法經論時，很容易把握經論的義趣。經論的中心思想及它的啟示，能夠很快的領悟到便能法喜充滿。很多人讀經，讀到一個時候，也有這種心領神會的感覺。這不但表示懺悔的工作做得很好，而且是一種慧解心與禪定的境界，是進入了定跟慧的境界，自然清淨了戒行。

「當知即是破戒障道罪滅之相，從是已後堅持禁戒，亦名『尸羅清淨』。」這時戒行回復清淨可能就產生一種定共戒或道共戒。所以這裡說的懺悔法門都是不容易做，非常謹慎而不可掉於輕心的，有些維持三個月的如般舟三昧已是一種修行的法門。這三個月內只能站著念佛，不可坐下，更不可躺下來。這工夫是很深的，效果也很大。《摩訶止觀》裡被稱為「常行三昧」，修時很痛苦很艱辛，但是如果堅持下去，過後感到輕安，身體所有濁氣都消失，之後進度就會很快。

這裡也講到觀想的方法：「若人犯重禁已，恐障禪定。」如有人犯重戒，害怕會障礙禪定的工夫。「雖不依諸經修諸行法」，也沒有依照各種懺法（這裡沒有詳說，但是天台宗有清楚說明）。沒有依經典來修，「但生重慚愧，於三寶前發露先罪，斷相續心，端身常坐，觀罪性空，念十方佛。」這就是要做到前面說的，除了求滅罪法外，其他十法最重要的是在觀罪性空。因為罪也是緣起和合的，真正能如此作理觀效果最大，可是這種理觀假不得。觀空的境界則是不一樣，根機也要很利。如果真能觀空成功，一切重禁罪都可消滅，因為一切法性空，所以煩惱本性也空，煩惱所造的惡業也空。這是從根本下手，所以觀空不是消除惡業而是直接斷煩惱。煩惱有兩種作用，一是發動我們造惡業，另一種是滋潤我們惡業的力量。現在把煩惱斷了，沒有力量促使我們造業，也沒有滋潤惡業的力量，一切都解決了。佛陀時代的弟子能夠那麼快開悟，是因為他們能直接悟入一切法無常、無我、空，進入涅槃的境界。我們所犯的罪惡太多了，要一條條來斷，不如斷根本煩惱來得直接。

但是，「若出禪時，即須至心燒香禮拜懺悔，誦戒及誦大乘經典。」作理觀同時不可忽略事修，出禪定後，還得燒香禮拜。事修和理觀都要配合，不可廢事而修，也不可廢理而修。所以禪宗的祖師在頓悟以後，還要作事修，用工夫來加強自己的力量，廢除其他一切障礙，專攻某一部分的理觀。從理觀的效果加深信心、提高境界，使得這境界能維持而不失去。不然的話，突破了理觀，沒有事修，那頓悟可能只是閃電似的，一過去就消逝了。所以，智慧的顯發還要事相去輔助，這就是為什麼祖師們在開悟後，都要住山，以保養聖胎了。並非一開悟，什麼都能解決了，還有許多事相上的問題有待解決。

「因此尸羅清淨，禪定開發。」戒能持到如弘一大師般清淨，定自然生。他對於每一件小事都那麼細心，可真是常住於定中。平常人會失念，忘記了某些事，就是缺乏定力，而且要耐煩，有定力才能穩定而不煩躁。有這種定力才能持戒清淨，如此亦能產生定力。若戒行不清淨就得懺悔，而懺悔的法門，其實就是把佛教許多法門都加了進去。

雖然我們有業障會障礙禪定的修行，但並非要等戒行清淨後才可修禪定。要使業障盡快消除、戒行恢復清淨，禪定卻是一個重要的方法。真正的禪定需配合懺悔一起修，重罪便消滅，三昧、禪定就現前了。所以說「若除禪定，餘無能滅」，但講到最後，我們還得將一切法門合起來修，因為每一法門都是相輔相成的。

二、衣食具足

這裡都是指古時的出家人，現在的環境裡已不大一樣了。主要是我們衣食要具備，但是我們必須用正確的方法來具備，如用不正確的方法去獲取，對修行都有障礙。出家人有三種食，一種是托缽食，一種是受請食，即乞食和到住家受食，還有一種僧中食。

有些出家人替人相命、耕種來求食，在原始佛教裡被認為是不正確的方法。但因中國人環境不同，所以農禪在中國流傳很久，這是中國人的觀念，以為要吃飯就得自立，如百丈禪師的「一日不作，一日不食」。原始佛教以為出家人的責任不是在耕種，是修道弘法，而且在印度，農人不是很高尚的職業，那些相命風水就完全是邪命了。因為相命會造妄語，而命運是可以改變的，所以佛教重業力而破除宿命論，因此佛陀訶責弟子們以相命為業。

衣的作用在保暖，這是最基本的要求，後來才想到美觀。佛教裡只求衣能保暖，因為如果把注意力放在設計衣裝上，就減少時間做別的事。佛教講修行，一生中還有多少時間修行，豈可輕易浪費了。衣飾化妝是人天乘法，佛教較偏於出離法，所以多訶責這一方面。

所選的衣服不是奇裝異服，也不是故意選破破爛爛的，亦不是不穿衣服便是修行。最主要是合乎時代，平常能保暖的衣服，我們必須適當的運用。

修行時這些生活資具必須事先具備，如不能衣暖食飽，一直擔心如何賺錢，如何得到這些東西，根本無法安心修行。雖然說人是最能修行的，可是要得人身，又願意修行，多少要有善根，至少中等以上的人才能修行，譬如太貧窮的人光為生活擔憂，要如何修行呢？所以生活基本條件一定要具備。

三、閑居靜處

閑即不做眾事，會干擾修行的絕不做。所以下面有說到息諸緣務，要把一切罣礙放下，才能安心修行。閑就是一種心情無罣礙的現象，心情輕鬆。靜處是沒有吵鬧的地方，要找到一個較清靜的地方便得找較偏僻的地方。

這裡說三處可修禪定，一者深山絕人之處，深山處雖有蟲聲、流水聲、樹濤聲，卻是所謂的天籟。但是住在熱鬧的地方，受慣五官的刺激，一定受不了這種平淡的環境，也不能在這種環境下修行。

二者頭陀蘭若之處，蘭若是比市區偏僻但離聚落不遠，很清靜的地方。

三者遠白衣住處清淨伽藍中，即較清靜的寺廟，非現在吵雜、信徒很多的寺廟，總之環境幽雅。佛陀時代，雖然訶責奢侈的東西，但是我們發現佛陀時代的寺院都有園林藝術的存在，中國的寺院也如此，有美麗的院子、大片山林、茂盛的樹林，這些都是自然藝術的美，所以佛陀在寺廟方面的建築也下了一點工夫。使人產生悅目但不貪戀的感覺，這才是真正的藝術。有句話說：「天下名山僧佔多。」中國最好的大山大多數是出家人在享用，因為出家人才有這種境界享用，這種種設備都是為了扶助修道。因為人的生活也是緣起的，也得靠這種種外境的影響，有了某種氣氛，修行時才能貫注。

閑居靜處雖然不是絕對的需要，但是那種氣氛的確能幫助修行。

四、息諸緣務

在修禪的階段必須把一些外緣放下，不然的話，在修道期間會成為障礙。原因是內心被外緣攀住時，不能得到安定，所以在打七期間，不准做以下提出的四種事，以便修行者能把身心投注在修道的生活上。

（一）息治生緣務：即生計的事情或家裡的事務要放下。如放不下，記掛著家裡的事情、工作事業、考試的成績，是很煩惱的。有家庭的同修，來時必須先把家裡事情安頓好。有些則是假期才來，我們這類活動大多在假期裡舉辦，也是為了參加者的方便。

（二）息人間緣務：這就是為什麼打七期間不准接電話、謁見朋友和通信，因為這會使你想念家裡的人、親戚朋友，所以必須放掉。打七時只准接近同修和一些護七，靜坐時，如果出現許多熟悉與不熟悉的臉孔，千萬不可攀緣，需用方法對治。如果把它轉為慈悲觀，以自己的力量來加持，絕對不可分別友敵好惡，不然心就很容易攀上緣了。要使自己捨下這些親戚朋友的緣，在修道期間必須做得徹底一點，所以要到深山絕人之處，要與諸緣隔絕。

（三）息工巧技術緣務：不要去理世上的工匠技術、醫方、卜相、書數算計等事。只需做一些單純的工作。如在這裡，你們擦擦桌子、椅子、窗門等。在修行時生活要單純，本身做的事也要單純，不要用到太多心思，所想的也要單純。在這裡，我們的工作固定，不輪班是盡量給大家少罣慮，只要注意自己本身的工作就好，專心一致地做一件事。在工作時，也能夠繼續修行，把精神貫入工作也是一種修行。所以大家工作時不要打妄念，要有明覺，千萬不能分心。

（四）息學問緣務：甚至「讀誦聽學等悉皆棄捨」，所以這幾天裡不讓你們看佛書，也不讓你們追究其他的學問，不會告訴你們外面發生的事，也不准你們翻報紙。不理這些事，是不要把煩惱帶進禪堂，聽開示時注意聽，但聽過後要把它忘掉。這些開示也只針對修行須知的事，或修行所要知道的一些主要觀念，讓大家修行時有個正確的方向，及對治本身一些問題的方法而已，其他的一概不管。

回家以後則要重新投入生活裡面，若想繼續修行，前面說過不能做的如果還是要做，就盡可能使它單純化。太過複雜，用的心思太多，都可能會是個干擾。在這幾天裡，你們多少可以體會到，在這裡可放下諸緣，在家裡非要處理這類事情不可，所以修行氣氛完全不一樣。這便是息諸緣務，到深山去也是為了隔絕這一切緣務。

「若多緣務，則行道事癈，心亂難攝。」記掛的事情一多，就會阻礙修道。時間的花費、路途奔波，不但不能用功，心也特別散亂。所以我覺得區域性的訓練課程應該由那裡的人來負責，好過邀請遠地的法師去，只為他們講兩堂的課。他們應該培養當地的弘法人員，這樣，出家人便能在自修上多用工夫了。

五、近善知識

這在具緣裡也相當重要的。善知識分三種，「一外護善知識」，即在用功時，那些在照顧行者生活起居的善知識。你們都很有福報，在這裡有人為你們安理一切、為你們動腦筋、為你們操心而讓你們安心修行。一些團體平時是非常好的外護，在任何大型活動進行時，也都很戮力幫忙。如果一個地方沒有這樣的人手，根本不能辦這類訓練課程。外護善知識主要有一種愛護心理，愛護修道的人，想辦法照顧他們，這些緣都需具足。

所以修行的人或者參加訓練課程的人，對於這些外護善知識應該有感恩的心，不要以為這是理所當然的。不管是好是壞，都要感恩，他們是把自己的事放下來，料理我們的起居。

「能將護行人，不相惱亂」，有的更成為護七或護關。我們這裡地方大，對外相當隔絕，所以只需界內護七。真正大規模的活動還要有界外護七，他們沒有進禪堂裡，主要在外照料使行人不受擾亂。有時依場地的需要，外護的人員會比學員還多。

「二者同行善知識」，一起修道，互相勸導，互相激發。不准你們說話，就是不希望你們互相干擾。修行時也盡量不干擾別人，有些人打坐時腳痛，一會兒左腳換上，一會兒右腳換上，窸窸窣窣，干擾到旁邊的人。腳痛時，想想不可干擾別人用功，再怎麼痛也要咬緊牙根忍下去。而修行時也不要受同修所干擾，不要去管別人做什麼，心裡也不要去批評別人，也不要跟人比賽。

在共修時，大家的心力都集中起來，便會產生一種氣氛。此時身心感應便發生，會感覺有一種力量在幫助你修行，這種力量產生時會幫助你用功。而你用功時，也產生一種力量扶助別人用功，所以共修是借用大家的力量來加強自己的修行工夫，這是跟個人修行不同的。我們這樣地結下共修之緣，也可能以前我們曾經結過這種緣，大家都是同路人，因此要互相提攜、互相照顧。只要你好好用功，便能與大家相應而結下緣，每個人所用的那份心力，便能在禪堂發揮一份力量。如不好好用功，便是干擾別人了。

「三者教授善知識」，教導善知識在密集的課程裡是最重要的。修行時，規定要遵照教授善知識的話，是要減少我們做學問的心理，不要去想太多。主要是知道方法是什麼，一些問題的產生和應對的方法。最初是需要善知識或參考書指導一些方便和方法，但在工夫用得好，在某種程度時，自己就會知道要用什麼方法來應對。所以在這之前，修行的內外方便還需有人來指導，直到師父把你帶到某一階段，再加上參考書的知識，你便能安心在自己的方法上，對自己也很有信心，這才是已把握到門路了。

此外，要信心穩固，至少修行者要有某種明確的境界，如對修禪定而言，最低限度便是有個開悟境界，這樣對自己修行的方法便很有信心了。在止觀法門裡，雖然對自己修行所達到的階段不很確定，但至少很清楚我們的狀況。依著古人修行的狀態和層次經驗，在用功時便不會出問題，對於外境出現了有心理準備，便有辦法對付了。

但是有個教導的人還是最好，尤其在入門時最重要。因為他本身已有經驗，所以能告訴你在修行時所要具備的條件、所應有的概念，讓你知道所謂正見是什麼，這樣才不會發生恐懼疑惑。許多禪堂裡教到出問題，便是事先沒將觀念把握好，不知道為什麼要修禪定，不知道修禪定是什麼。所以，要找一個至少在這方面有經驗的善知識，才開始修定。

教禪定的方法很容易，但是不要好為人師，真正教授善知識，他的責任不只在教，最重要的是教了以後要對這個人負起責任，如何幫他解除心理的障礙和修道的障礙。修道的方法很多，書上都有，可是要有內外禪定的方便才是重要。我們現在講的二十五種方便便是外在的方便，這是修行前所應照顧到的。而內方便卻是直接跟心地用功有關，包含了修道過程的種種狀態、境界和如何應對，要用什麼心理來解決。上述已把一個教授善知識的責任說清楚了，方法不會很難，難是在經驗上，這是本身的經驗加上前人的經驗以及別人的經驗。所以，一個主七和尚多是二、三十年經驗的，自己本身的境界及工夫必須很深，因為這是關係到整個身心的問題，並非只是知識上的問題。

能有機會親近真正的善知識是不容易的，所謂「離佛日遠，根機愈薄」，只要能碰到能夠引導我們的善知識，已是不錯的了。

訶欲第二

前面所講的是基本的外緣，至於內心的煩惱，在用功時當然要消除，可是在還沒有用功前，亦要注意到自己的身心。平日我們如果對外境沒有用一種正確的態度來對待，那麼在密集修行時，它將成為一種煩惱。譬如你平日對五欲有一種強烈的執著，等到密集的修行訓練時，即使你已想盡辦法不去想它，可是那股衝動的力量在你靜坐時，便會出現那種境界，而且你會發現自己很不容易克制它。因為在你修行時，已把很多妄念滅除了，在這種情形下發智慧便能有很大的力量。可是如果在此時，突然一個惡念湧現，那惡念的力量有多大便可想像了！所以下面講到平日及坐禪時都得訶欲及棄蓋。

這五欲和五蓋都是內心的煩惱，都得訶責。雖然我們不能一下子把它斷掉，可是我們要看出這些五欲和五蓋對身心的影響。這種煩惱顯現時，它所造成的惡果是什麼，瞭解之後在平常生活裡，盡量用正念來對治它。那麼在靜坐時，如果這種煩惱湧現，它的力量就不會那麼強烈，我們再來對治它，這樣修禪才較有效果。

所謂五欲便是色、聲、香、味、觸，五種外在境界或五塵。其實這五塵，認真講起來，能夠用智慧觀照，便能照見是無常、無我，這樣便不起貪著。而這五塵也是無記性的，我們對它產生貪愛或排拒都是內心的煩惱造成。五塵被稱作五欲，是因為它最能引起我們的貪欲，在五根接觸到五塵時，便能引發無始以來藏在內心的貪愛，所以說：

「常能誑惑一切凡夫，令生愛著。」

以我們人類的共同業力來說，五欲雖都有個共同處，但並非所有處境都能使我們生起貪欲，所以五欲並不包括全部五塵。我們的共業使我們有共同的反應，即分別心，分別好壞而起貪欲。

在修道過程中，我們要對五欲有個明確的心，這樣五欲便能減低。不然的話，我們的心一直隨著外境轉，外境便形成強大的力量。五欲一直出現誘惑的作用，我們便執著貪愛，而不得安定，所以必須訶五欲。

一、訶色欲者

一切色塵都可能成為色欲，可是人類最大的色欲是男女色相。一般人的審美眼光都有共同處，在看到一樣事時，覺得好看，看了一次又想看第二次，看了第二次又想看第三次，念念不忘，這就對它起了貪戀。

《大智度論》與《釋禪波羅蜜》談到九想觀以對治貪戀，就是以自己心愛的人為對象，從觀想他死，到膚色現青瘀色，然後破爛、出膿血、腐化生蛆，到筋皮爛壞，不成人狀。行者亦可用此方法來觀本身，工夫用得好的，可以觀到自己遍體是蟲，或看見自己的白骨，這樣便會生厭離心，即使不能完全斷貪欲，也很容易淡下來。還有一種不淨觀，也是一種觀想，但亦是對治淫欲的方法。尤其在禪定中，出現你心愛的人而起貪著時，便要起這類觀想。這裡所講的訶欲雖然是各種色塵，但重點是放在男女的色欲。

二、訶聲欲者

聲欲是指會令我們生執著的聲音，悅耳的聲音不一定是不好，有些人是靠悅耳的聲音入定的，那是觀有節奏或是溫和的聲音。聲欲是聽到聲音時，以意識來分別，假如覺得這聲音很符合自己的愛好，便產生貪欲了。所以觀音的法門多是用無記性的聲音，如雨聲、流水聲、海潮音、松濤等大自然的聲音，這些都是悅耳但無記性。修道的人喜歡到林下水邊或海邊，就是這個原因。

這裡也提到音樂。許多喜歡音樂的人，在修定時便碰到這難題。他們覺得自己在修定，應該捨掉聲音，可是音樂又是他們生命的一部分，這兩部分因此互相起衝突，所以感到非常困擾。其實聲音也可幫他們修道的，所謂「音聲做佛事」，只要不要有沉迷或貪戀的心，用藝術的眼光來看待，用心靈去領會，而不起貪戀。真正的藝術所表現的，並不一定是美觀，譬如弘一大師晚年所寫的字，如用審美的眼光來看並不很美，但如用生活的藝術，用他本身那種境界來看，就有一種「不食人間煙火」，一點火氣也沒有的感覺。

在佛教裡有梵唄，在道場中真正會唱的，一唱起梵唄，的確是不一樣。在以前叢林裡的梵唱，幾百人唱起來非常莊嚴，聽者都會受感動，可以感覺到一股濃厚的宗教氣氛。

另外還有一種聲欲，是男女一唱一和的歌詠，即一般的情歌，如現在的流行歌曲也能障礙修道。現在的歌曲與以前已不一樣了，從現在的音樂可看出現代的人心情很苦悶、很恐慌，為了發洩，都利用這種爆炸性的音樂、瘋狂的音樂，那些又愛又恨的音樂是絕對不能修行的。

三、訶香欲者

我們發現，這裡所說的五欲都特別強調男女間的欲念。男女身香，是引起欲念的好香，現在男女都喜歡擦香水，為的是刺激異性，吸引人家。所以香水製造商很瞭解人類的欲望，他們很會利用人類的心理，研究出的香水都很有銷路。修道的人若落到這田地，當然是不行的。

其他能引起愛著的香欲如「飲食馨香，及一切薰香」，都是要訶棄的。

四、訶味欲者

味欲亦是一種刺激，這是舌根接觸味塵時所產生的。所謂苦、酸、甘、辛、鹹等，都是為了滿足欲望。雖然說我們有五根，不能不受用五塵，但是要用正確的態度。不然的話，沒有明覺的心，便容易起不善業了。

五、訶觸欲者

「男女身分柔軟細滑，寒時體溫、熱時體涼。」男女身的接觸最容易引起強烈的貪欲，寒冷時想到溫暖，熱時想到清涼，所以有種種設備如冷氣、風扇、熱爐等，都是一種觸的享受。我們身體都是比較喜歡一些柔軟的接觸，或是適意的接觸，等到靜坐時，也想坐得舒服。天氣熱了，蚊子來叮，也都覺得不能修行。

《小止觀》裡所舉的典故，《阿含經》與《大智度論》裡都可以找到。這裡的五欲主要是說它可怕的地方，為了貪欲，什麼都可以不顧了。譬如明末吳三桂為了陳圓圓，向清朝乞師破李自成，導致國家的滅亡。所以這些欲求，走極端的當然不堪設想，而平常沉迷五欲亦是修道障礙。這些我們顯現出來的已是很粗的欲念，其實它是發自很多微細到我們不注意的貪念，這種微細的欲念也是修行很大的障礙。平日生活中，我們微細的動作都不時流露出我們對外境的一種欲求，當每天都必須做某種事，如翻報紙等，這閱報的行為便成為一種欲了。所以佛法裡，尤其是南傳佛教，重出離的，便直接訶責它。

「此五欲者，得之轉劇，如火益薪，其焰轉熾。」五欲是永無滿足的，得到後反而使欲求更劇烈。「五欲無樂，如狗嚙枯骨」，五欲永不帶來快樂，我們五欲的享受就如狗齧枯骨。「五欲增諍，如鳥競肉」，為了五欲我們諍吵。為了強烈的欲求，我們會成為非常可怕的人，什麼傷天害理的事都做得出來。為了財色，欲念熾盛時，完全失去理智。「五欲燒人，如逆風執炬」，追求五欲便如逆風執炬，反燒痛自己。「五欲害人，如踐毒蛇」，五欲一點也隨便不得，它如踐毒蛇，立刻便嘗到惡果。「五欲無實，如夢所得」，五欲裡所得到的都是自己在欺騙自己，不實際的。「五欲不久，假借須臾，如擊石火」，如石相擊發出的火花，五欲是短暫而不真實的。

對於五欲，修行者要生厭離心，世人對於五欲，也要明白它的本質。我們的五根可以辨別保護我們，如舌嘗知毒性。味覺亦能使我們很容易地把食物吃下去，能夠維持色身生存。觸覺亦一樣，知道火能燒，會感覺痛。如果沒有知覺，身處險境也不知道。五根不能不接觸五塵，可是要適當的利用它。所謂「中道」，即利用得恰到好處，不排斥也不執著，不要故意不去、不去用，也不要貪著。但是要有正念——正確的意念，能夠引發觀照力，認識它的本質，便不會起貪著了。

如不懂得以正確的態度來對待五欲，以為強制不用五根就是修行，那麼瞎子、聾子、癡迷者不都在修行了？這真如一位因淫欲重的人斷了男根便以為是把問題解決了。他雖是把男根斷了，可是煩惱卻斷不掉，反而弄巧反拙，因為心理和生理的要求得不到發洩，而導致心理變態，因此，做太監的多是變態的。佛法是用智慧來疏通，而不是強制壓抑。我們是疏導內心的煩惱，這樣外境雖然還有它的作用，可是內心不會起煩惱。開悟的人和我們一樣受用這些五塵，可是他們是以正確慧觀的態度來受用它。

這適當的利用並不容易做到，所以初學佛的人都是用戒來防範自己。戒制止我們失去理智地追求五欲，但是觀照的工夫還是重要。有了觀照的工夫，即使不能做到「百花叢裡過，片葉不沾身」，也不致於「隨波逐流」了。大乘佛教用空作觀想，「空」不但是一切法的本性，也是一種很好的對治方法。直觀一切法的本性是空，便不會生執著的心理。對於這個五蘊身體，不會有我執，對於受用的一切也不會有我所執。這樣生活就較平靜，修行時用這種態度，工夫便容易用上去了。

《禪經》偈中說：「智者應觀身，不貪染世樂。」所謂觀身不淨，這只是「個別觀」，還有一種「總相觀」。總相觀也有兩種，一種是觀身時，同時觀身是不淨、苦、無常、無我，這是觀事的四種境界。另外一種是觀四事同一個境界，如觀身不淨、觀受不淨、觀心不淨和觀法不淨。這裡專講觀身是因為我們對身體最易執著，也因我們的身體比較親切，更容易觀不淨、苦、無常、無我，而觀起來也較有連貫性。如能這樣觀法，便不會貪著而想佔有它，往往是佔有的心理而使它成為我們的累贅。

「無累無所欲」，沒有累贅也無所求。如印順法師有一次動手術，第一次不很成功，醫生要為他動第二次手術。他說：「我對這世間和自己已無所留戀。」這便是一種慧照的工夫，對生死已無所欲了。他請醫生及弟子們不需勉強，可是後來一位很明白他的老同學請他「要為佛法珍重」，他雖然對世間、對自己已無所求，可是為了佛法，他還是動了第二次手術而把病治好了。「是名真涅槃」，這便是真正的涅槃了。

棄蓋第三

五蓋是貪、瞋、睡眠、掉悔和疑。五欲是偏重外境說，而五蓋卻是偏重於修禪定時出現的煩惱。對治這些煩惱的方法，正修行裡會提到，這裡只講到它們的害處。我們的煩惱有粗的也有微細的，粗的煩惱我們都容易覺察；微細的煩惱，如果沒有覺照的工夫，根本不能覺察。因為粗的煩惱是被外境所引發的，可是微細的煩惱卻是在不很明顯的狀態中出現。對於粗的煩惱我們都可用一種壓制的方法，可是微細的煩惱卻不能用壓制的方法。

用壓制的方法來對治粗的煩惱，這是和我們的習性或是人類的共業裡強大的需求對抗，是的確困難的。假如只用壓制而沒有去疏通這些欲求，它的反抗力會很強，壓制的力量愈大，反抗力也愈大。很多學佛的人，想馬上改過自己，可是個性又改不掉，所以便極力壓制而起了一種極端的變化。不是佛法對治的法門力量太強大而使他有此變化，而是他本身某一種個性在強制下所爆發出來的結果，使他變得更麻煩。只有觀照的力量才能疏通煩惱，一味強制是不行的。

一、棄貪欲蓋

貪欲心生起時必須把它除掉，因為貪心可覆蓋善心。「如術婆伽欲心內發，尚能燒身。」這個人看到一個女孩子很喜歡，生起強烈的欲求而導致欲火焚身。當一個人看到某一種東西很喜歡，很想得到它，在要得到它的過程中，內心便如火一樣燒的感覺，欲求愈強烈，這種感受也愈強烈。

在修禪定時，貪欲如生起，就得用不淨觀，觀它苦、無常、無我。這樣不但粗的貪欲減少，微細的貪欲亦能減少，而使智慧顯發。此外，修行人要修四念處，四念處是一切法的實觀，要從根本下手。四念處是一種正念，是保持我們正思正念的一種觀想。也是對外境和自己的身心常起觀照的方法。能夠時時修四念處，在處事時所作的判斷較明確，對自己微細的貪念也容易發現。

當我們吃東西，有時還會弄些不同口味的菜餚調調胃口，其實禪定工夫用得好的人，或者貪欲較少的人，他吃到什麼都是最好吃的。如弘一大師的一句話：「鹹有鹹的味道。」那不是貪著，可是不管是什麼，吃到他口裡就是最香，特別好吃的。也不是胃口好壞的問題，只是吃起來味道特別不一樣。因為禪定深、貪欲少的人，各種感覺都特別敏銳，味覺當然也如此了。像這樣的人，他不需要特意追尋刺激，也不必特意做成一副修行的樣子，只是在遵守著自己一些守則。印光大師和弘一大師基本的守則，譬如早午餐只准有一種菜，因為對他們來說，一道菜和十道菜沒有兩樣，所以不需要多樣菜來調治胃口，這是減輕了許多貪欲的境界。

貪欲重的人，在坐禪修定時，很容易從他潛伏的煩惱中出現一些境界，這些境界都能立刻引起他的貪戀。有些修行人在修定時出現美女在作各種誘惑他的行為，這些境界有可能是一類鬼神的干擾，但大多是自己煩惱所生的幻境。在行者修定時，心裡突現貪欲，那些恰好經過或附近的鬼神的念頭與他相應，便來干擾他了。而貪欲較淡薄的人，在這方面的障礙也比較少。

二、棄瞋恚蓋

「『瞋』是失佛法之根本，墜惡道之因緣，法樂之寃家，善心之大賊，種種惡口之府藏。」貪、瞋是每個人都有的，修道者也一樣，而貪、瞋的習氣也是形成修道者不同的方向。貪與瞋是不好的，它造成我們的習氣，使我們修行時偏向不同的法門。貪行人比較適合修菩薩道，瞋行人就比較適合修聲聞道。貪行人應把對世間的愛戀轉化成一種慈悲，因為慈憫眾生，不忍心他們受苦，所以修菩薩行的人對世間有一種悲憫的態度。

他們希望能夠感化眾生來學習佛法，這是貪的一種昇華，是受了佛法的淨化。

佛法是重在出離，很多修行佛法的人也都在修出離心、解脫道，但把原本佛法最重要的慈悲心忘了，或誤解了，大家都只顧自了，於是變成了瞋習行人。

早期中國佛教都很重視慈悲行，大多數寺廟都有悲田院，它相等於現代的老人院和孤兒院，一遇到旱災、戰亂，這些寺廟都收容難民。例如虛雲老和尚的傳記裡記載，為了收容難民，自己寺廟不夠的糧食也慈悲地拿出去為難民充飢。直到後來只剩一些劣等的糧食，大家還以為後面那幾位和尚吃的是好的，給他們吃不好的。後來才發現老和尚吃的是和他們一樣粗劣的食物，可見大德們慈悲的程度。現在佛教在這方面表現得就差了一點。

現代人一講到修行就要脫離，要到深山去住，要厭離世間。瞋心重的人對這世間沒有什麼好感，這種人修慧增上容易成就。但是智慧要讓它博大，那才是真正的智慧，這便要與悲心相符。佛陀的圓滿成就是感情和智慧達到最高的境界，這便是慈悲與智慧的圓滿成就。有的說阿羅漢的智慧只證到「人我空」而沒有證到「法空」，其實以阿羅漢這種境界，要證法空是不難的。那為什麼會有這種現象呢？主要是阿羅漢缺乏慈悲心，只要證到「我空」能出離就足夠了，所以智慧一直不得圓滿。證我空是證到五蘊和合是空的，而證法空是加深一層證到五蘊各法是空的。只可惜阿羅漢自以為所作皆辦，不受後有就滿足了，而不肯把觀想加深廣大。

佛陀的弟子中，瞋習最重的是迦葉尊者。佛陀看他年老，勸他放棄頭陀行，他也不肯妥協。貪習重的是阿難尊者，但他悲心很重。後來迦葉尊者結集經典，聲聞佛教在印度有堅強的勢力，以他的影響力最大。迦葉尊者這些瞋習行人為佛教樹立了嚴厲的風範。

一個瞋習較重、性格剛強的人，如把它轉為修道的資糧，就會形成厭離的態度。其實那也沒關係，如果這瞋恚的煩惱會障礙修道，那我們就不能讓它發作，而要想辦法對治它。貪、瞋其實是同一煩惱的兩面，貪的反面便是瞋。

愚癡心是無記性的，是一種不明確的態度。對外境沒有一種明覺觀照的力量，不能當下瞭解它是無我、無常，是因緣和合，只是一種假名，是空。所以內心不明，處於一種不易察覺的煩惱中，這種微細的煩惱便能引發貪或瞋。

就算沒有了貪、瞋，還不是慧，要有明覺觀照一切的心才是慧。適意的話聽了不會貪愛，不好聽的話聽了也不生氣，因為觀察到這些話的本性是空，只是聲音而已。如果不能覺察而生貪瞋心，就好像一個人把別人稱讚或批評他的話錄音下來，每次放出來聽時不斷地起貪瞋心，就是一樣的愚癡了。貪、瞋並非別人引起，而是我們自己知識範圍裡分別了這些聲音而引發的。所以這些都是緣起性的，平時用觀照的工夫，在修行時才有幫助。

禪定時，若因貪瞋心出現了你日夜想念的心上人，或是你最討厭、時時與你作對的敵人，就要把這些貪瞋心化為慈悲心，希望以自己修持的力量加持他，希望人人都好，這樣貪、瞋便不再生起。尤其是瞋心，一定要以慈悲來對治。

平日生活，遇到順境或逆境，也要用觀照的力量，它們的本性也是無常、無我——空。不是故意逃避它，也不染著它，但要有明確的智慧。

三、棄睡眠蓋

睡眠是一種癡的狀態，睡眠時一般人都失去了明覺心。睡眠做夢時，都是隨著煩惱而非法性，睡夢中放恣五情，貪、瞋、癡左右著夢境。所以在佛教裡，睡眠時也要用來修行。

通常人用功念佛、修定和起觀想，睡夢時遇到惡境如被鬼追等，都會很自然地念起佛號，或用定力、觀想，那惡境便消失了。但是一般來說，定力強的人是很少做夢的。經典說睡眠時要修瑜伽，瑜伽即相應的意思，是與身心相應的修定工夫。睡時身體要右側臥，心裡念佛號、或作光明想，觀想全身放光明，或是把平時用功的方法如數息等也用上，這樣睡眠時意識還保持清醒，反應敏銳。你們現在是用數息的工夫，所以睡覺躺下時也可以數息，如此就睡得很安穩，也能保持警覺心。

睡眠在修定中也是一大障礙，有時由於身體疲倦、用功過度，所以一坐上去便打瞌睡，不過這種情形過了一兩天就會好轉，尤其是工夫用得好的話，會愈坐愈精神。所以修行打七的人，最初兩天會很難受，可是最後兩天會坐到很晚，第二天又很早起來修行，甚至有些會坐通宵。

修定時睡眠覆蓋，使得力量提不起來，所以假如覺得睡意重時，可以起來做做運動、拜拜佛，讓身體活動一下。假如還是很重，可以洗洗臉，若還不行，便可躺下來，用瑜伽的攤屍法，雖然可能會入眠，不過入眠也只不過幾分鐘便會起來，那時情形便會好多了。這是大休息的方法，也是最後才用的方法，是把全部方法都試了，甚至連身體某一部分疼痛也敵不過睡眠時才用的。

四、棄掉悔蓋

「掉悔」在一些經論裡是寫為「掉舉」和「惡作」。掉舉是身口意的放逸，身掉舉即行為放蕩或是坐立不安，好像猴子般愛跑跳，不能安靜；口掉是喜歡吟誦、唱歌、諍論是非，講一些沒有意義的話、搬弄是非、戲言等；心掉是「心情放逸，縱意攀緣」，作種種的「惡覺觀」，心猿意馬不能安靜下來。平常身口意沒有放蕩，心已不容易收回來，如果一放蕩，更難把心收回來，那就更不用講修行了。這裡也講到藝術才技之類的會撥動出家人的心，做多了便漾溢放恣，內心很散，能障礙禪定。

和掉舉合在一起的是悔，修行前不小心照顧身口意，任由放恣，等到要修行時心便不能安定下來。有些人放逸過後才後悔，後悔剛才太過分，講了一些傷害別人的話或是一些沒有意義的話，靜坐時這些語言行為都湧現，心生懊悔。這一悔，更加妨礙了修行，再也坐不下去了。本來對於自己錯誤的言行起後悔的心理是好的，可是靜坐時出現這種心情便會直接障礙禪定。所以，靜坐時遇到這種情形要懂得捨，只有以強大的心力提起警覺，不要再犯上這種錯誤，懺悔以後，要把這事忘掉。所謂斷相續心，不只惡法，有時這種善法也要斷掉。

要避免悔蓋當然是不要掉舉了，這樣兩種蓋都不會犯上。不然的話，「悔箭入心，堅不可拔」，覺得自己沒有一處清淨，滿身是罪業，那裡還能修行。我們就是滿身罪業才要修行，過去的罪已造下，後悔也來不及了。因此內心要起慚愧，把這慚愧的心變成向上的力量，而不是一種修行的障礙。有時打七時一生起慚愧心而痛哭一場，但是哭過後，要不斷地提昇自己，要上進，不然哭過後，什麼也沒有改變，於事無補。所以要懂得捨，要懂得上進，自我提昇。

五、棄疑蓋

信心是學佛的一雙手，有信心這雙手，進入寶山才能把寶拿回來。疑蓋有三種：

（一）疑自己：對自己沒有信心。修禪定的人如果想到禪修必須是利根的人，而懷疑自己是鈍根的，怎麼能成就呢？會這樣子想，即使是利根也變鈍根了。如對自己有信心，那鈍根也會變利根。傲慢的心是不可有，但信心不可無。有自信心才能盡力去做，不然，還沒有嘗試便先承認失敗了。

每個人都有潛能，都能運用佛教的方法來發揮它，在運用這方法時，必須相信自己有能力做到，肯下這工夫總有成功的一天。修學佛法是盡未來際的事，以整個生命觀來講，我們這一生只是其中一段很短的旅程，這段旅程是不能肯定它的力量是有或沒有。但是如果這段旅程把握得好，它便能決定我們未來的方向；要把握得好，這信心便要培養起來，如果有自信心，就等於把一半的難題克服了。

不要歸咎於業障重，業之所以成為障礙，很多是自己造成的。善業也能成為障礙，惡業亦能成為增上緣，所謂障礙或增上緣都看我們如何處理問題。惡業成熟時，要接受它，把它當做一種考驗，更要警惕自己，不可再造這種惡業，不然以後會再遭到這種果報。而且在這種逆境下，我們還要向上，所謂「隨緣消舊業，更莫造新殃」，這便成了一種增上緣，使我們向上。順緣來時更好用功，所有因緣具備了，只待用功而已。這些順緣也是福報，如不好好用它，福業是會消失的。福業也是無常，等到消失時才來後悔便來不及了。

要不然，惡業成熟時，只懂得怪自己業障重；順緣來時，也只懂享受。許多人就是在順緣中倒下的，這樣子，逆緣、順緣也都成為障礙了。所謂業障重不重，就是看你對佛法的瞭解有多深。對佛法認識不深，抱著消極的態度來學佛，通過一些方便法門便以為自己滿身業障，沒有藥可救，只在那裡歎息，等著別人予以幫助，這當然是滿身業障了。

所以，對自己要有信心，要自信有力量衝過這一關，不要逃避，以前自己敢做，現在就應敢當。修學一定要有自信心，不管路途多遙遠、多艱辛，不管在這一期間會遭受到什麼境界，都沒關係，還是能走下去。

你們打坐腿痛時，也不妨發個願，至少要坐完一支香。第二支香一定會更痛，這時就要對自己說我一定能忍受這腿痛；失敗時也不要緊，重新再來過，相信自己一定能克服它，這樣便能慢慢地使信心加強了。

（二）懷疑老師：看他的樣子，不知道有沒有料，不知道他能不能教自己。有這種態度，當然沒有辦法用功了。所以要找到一個能夠使你建立信心的善知識是不容易的。以前的高僧大德都是威儀堂堂，還沒有靠近他，便生起信心了。現在出家人與在家人愈接近了，大家生活在一起，反而覺得沒有什麼了不起。失去了以前對出家人的神祕感，很難對他生起信心。

對老師沒有信心，便很難生起修道的念頭。不相信他所教的方法，當然也不會去做了。其實每一位師父所教的方法，都是佛陀傳下來的，方法看起來雖然不一樣，但是都沒有多大的分別。這方法用不用得上，是在於行人自己，不是老師。雖然善知識能有較多的學識和經歷是比較好，可是，有些善知識他境界雖不很高，卻能予以很大的幫助。有些老師自己分量不夠，也沒去參考別人的資料，可是他卻知道如何去尋找資料。善知識都還是凡夫，凡夫都有缺點。向善知識學習，只學習他的好處，而不要學習他的缺點，更不要去理他的缺點。不然的話，是沒有辦法跟他學習的。

（三）懷疑法：懷疑佛法或懷疑老師教的方法。很多人有犯上慢法的毛病，不知道修行的真正目的，喜歡新奇古怪的修行法，看不起簡單的方法。輕慢佛法是絕對沒有可能修行成功的，因為自己的心沒有辦法和方法相應。佛陀時代所教的方法很簡單，如一句「掃除塵垢」，他的弟子就開悟了。如果有信心，功用得好，簡單的法也會受用。佛陀教的都是數息觀、不淨觀以及日常生活觀照的工夫。達摩祖師教的方法也是很簡單的，只是後人逐漸複雜化了。

打七期間，全部懷疑都要拋棄。在禪堂或叢林裡，把生命都交給了主七和尚，什麼也沒有時間、沒有心思去理會了。腦子裡就只懂得師父教的方法，連自己也不顧了。所以現在修行的人比起以前的禪師要差遠了，有幾位禪師，病到快死掉了，可是坐起來就是那個話頭。猛參，參得一塌糊塗，還是參，最後身體好了，死不掉了，工夫又用上去了。很多人的成功就是在最艱辛的時刻堅持，所以衝過去了。這就是憑著信心，捉緊方法，非要找到答案不可。如不捉緊機會，以後也不知道要輪迴到哪裡去了。

現在的人已經很少有這種堅拔的信心了，所以修行的成績也大不如前，有些人甚至連一點腿痛也忍受不了。這大概是現代的環境太好了，有風扇，涼風；以前冰天雪地，大家盤起腿也是這樣用功。這樣好的環境再不用功便實在可惜了。

以上所說五蓋包含了所有煩惱，所有煩惱都是由這五蓋細分出去。這裡沒有把各種煩惱細說，但是在我們修行時，這五蓋都是比較明顯障礙我們的。

調和第四

這裡告訴我們，修學禪定之前要發大誓願，要為眾生求無上佛道，心要堅固如金剛。精進勇猛，不惜生命，這是用功時應有的心態。

雖然人類是勇猛勝，可是往往境界一來時，一點心力都提不起來，不但不能修行，心情也很煩躁，意志力也不知去了哪裡。所以修行必須先發大願，加強自己的心力。

調和是我們在用功時如何面對種種問題，然後用適當的態度使得這些問題都能夠在這些方法上為我們所運用。調和有調食、調睡和調身、調息、調心。調身、調息、調心，這些方法是正在用功時所要調的，在我們的靜坐課程裡都說過了。而且所教的方法都是根據這裡所有的，跟這裡所講的原則非常一致。

調食前面也有說到，我們不能沒有飲食，有時在修行時反而吃得更多。因為修行時體力很重要。我們的身心是相扶的。在最需要體力時，身體支持不住了，身體力氣不夠，心便用不上去了。我們不能拚命胡亂吃，但是也不要以為吃得少才是修行人。我們這個身體雖然是無常，可是卻要利用這工具來修行，暫時還是要依靠它，所以更要照顧好，把飲食當做資養的藥物來保養這身體，才能夠好好地運用它。雖然說身帶三分病才好修行，這只是方便道，正常道還是有個健康的身體。

吃也不要吃得太飽，有人說吃十分飽，兩分是養醫生的。飲食要知節量，肚子太脹，精神也難振作。現在中國人那種餐宴，一出便十道菜，大家都暴飲暴食，是一種最不正確的飲食法。

從整個佛教的立場來看，不非時食便是過午不食，佛陀制定這戒律是因為當時印度宗教的型態。那時的出家人（不一定是佛教）中餐吃後就只用功修行。工夫用得好，也沒有什麼勞動身體，所以都不需要吃晚餐。那些頭陀行的，生活更簡單，所以一天只吃一餐。印度位於熱帶，冬天也不會很冷，不像中國北方，會冷到凍死人，所以很需要熱量。在生理衛生方面，晚上吃得太多亦不好。但是在某種特殊情形下，佛陀是允許弟子們用晚餐或果汁之類的飲品，如走過遙遠的路途，晚上抵達精舍，那精舍也得為他準備食物。還有生病的，身體需要的也允許進晚餐，或是出家人晚上可含一些冰糖、石蜜，以供熱能，可見這都有因適應性所開的方便。

過午不食在現代也有它的適應性，但不可強調少吃便是修行。有些人愛標榜自己一天只吃一餐，認為自己比那些吃兩餐或三餐的人都有修行。這是以自己的觀念來否定別人，以自己的修行來衡量別人，如此的態度就不是有修行了，因為他連根本的佛教修養都沒有。佛陀本身六年苦行，持午又嚴格，可是卻從來不罵要吃晚餐和果汁的人沒有修行。因為個人的體質不同，適應環境的能力也不一樣，所以要用正確的態度來看待問題。

如用科學、衛生的眼光來看不非時食，可以解釋為不是吃東西的時候，不要亂吃。三餐好好吃，以外的點心、宵夜都可以不要吃。問題是現在的人一天吃五、六餐還不夠，零食還常帶在身邊，嘴巴就是習慣了要吃東西，不吃東西就好像沒有依賴，這就是一種不良的習慣了。

總之，飲食不要過分地吃，也不要故意地不去吃。出家人的缽叫作應量器，大小不一樣，是依著各人的食量而設，所以應該吃的就要吃。剛吃飽不宜打坐，不然會昏沉，坐著也使腸胃有種壓迫感。

關於調和睡眠亦如此，睡不要貪睡但是要睡得夠，工夫用上時睡眠自然少，真正需要睡眠而又睡不夠便易昏沉。睡眠不足，眼睛容易疲勞，長久如此眼睛會受損害，甚至瞎了。修行的人不要走極端，睡覺時還是躺下來效果最好。坐著睡，身心不能得到所需的休息。真正的不倒單是可以入定的人，他入定五小時好過睡覺十小時。有的認為坐著睡保持警覺，其實這種警覺是睡得不夠深的緣故。晚上睡不夠，所以白天腿一盤起來便打瞌睡，反而影響了修行。

我們要看自己身體的需求，衡量一下所需的睡眠時間，然後就規定自己不可睡太多也不要睡不夠，因為睡不夠或睡太多同樣會昏沉。

關於調身、調息和調心，是在三時：要入定時，位於定中和出定時要調這三事。入定時是從粗到細，那是調最粗的身到調息到調心。要出定時是放（亦是調）心、放息、放身，從細到粗。位於定中時便是隨時調和，哪一方面工夫用不好就要調和。

要入定時是從動態進入靜態，所以身體的動作要從粗到細，慢慢靜止下來。要出定時則是要放，由細到粗；是為了把身內因修定修得好時所產生的細分散掉，才能配合日常的動態。如果沒有調好，身體內的細分還存在，與粗的動作就會起衝突。起衝突時，身體便難過，內心也感受難過，第二支香也坐不下去，因為體內的細分已不受調伏了。所以教你們的按摩運動等，都是配合你們進入動態的，這是配合日常生活的動態。

調身、調息、調心，實際上是合在一起用。你們在用功時，就是在調這三件事。住定時，身體坐得不好，呼吸急促或心不安定，都隨時要調它。

呼吸有四種現象，由粗到細是「風」，如運動過後那種急促的呼吸便是風。「喘」是感到呼吸一節節的，這樣也不好。「氣」是仍然感覺到一種阻礙，還不夠細，所以要調。我們靜坐時不住於「風、喘、氣」，所以靜坐前不可有劇烈的運動，心情不能緊張，因為心情一緊張，血液循環便加速，心跳加速，呼吸便粗了。因此心情要保持平靜，這樣才容易住於細心，呼吸也容易調和，而最好的調息是「每令息道綿綿，如有如無」。

調心，我們是用數息的方法，在正修行第六有講到用止的方法，這裡只講到止。而在《六妙門》裡，有詳細介紹數息、隨息和止，平常也有用「繫緣守境止」的，那就是緣著某種境界然後止息下來。初入門的用數息或繫緣——把心繫著身體中央的某一部分，比較容易用上工夫。因為這是依自己身體的部分，比較容易跟心相應。有些是繫外緣的，如慈悲觀和四無量觀，運用念一些句子，然後觀想如何慈憫眾生，安住眾生，不過這樣的外緣，是很難使心安住的。我們身體一直就在這裡，我們可以運用身體的部位來安住。除非是入於深定，身體才不感覺存在，而那時心也可安住了。

開始時，我們都能注意到呼吸，配合身體的某個部位或現象來止靜，這樣身心配合較有效。所以對初學者而言，一開始便用這方法比用外境來得容易入定。在緣外緣時要照顧身體，又要調心，而且又得住於外緣，這樣心就較散亂。數息還有一個好處，那是我們在調息時亦在調心，兩者一起調，心少攀一些緣，念頭也比較容易專注，因為在調息時我們已把心安住在那裡了。數息另外一個好處是數目是無記性的，它不像佛號，會使我們產生念佛是好的念頭。因為它的無記性，當我們數到工夫用上了，覺得是累贅時要捨掉很容易。很多念佛念到一心不亂時還不能入定，因為他覺得念佛有功德，總不能捨下，可是數目字要捨就沒有這個問題。

在用功時要有一種認識，就是把一切理論都拋掉，不要去想它。在用功之前，這些理論能讓你對方法有信心，你也可發願，要好好的坐；可是在用功時，這些都沒有用了，你的責任是在你的方法上，其他一概不管。你的念頭愈少，罣礙愈少，工夫便愈容易用上去了。

這裡有說到調伏亂想和調伏昏沉。昏沉的現象，我們說沉相。行者可把注意力集中在鼻端，如果心還是往下沉，那就是要把心提起來，集中在髮際。這只是用來對付昏沉，把念頭繫在髮際不可常用，不然會養成眼睛上吊的習慣。頭也會痛，感覺壓力，眼睛也會出現幻覺，所以一般上都繫心在鼻端。

有些繫心在丹田的也有點不妥，尤其是女眾，丹田守得不好會起很多毛病，那是因為守丹田時會發生一些作用。如果不懂得調伏，便會產生生理的毛病，譬如一些女性守丹田守到月經沒有來；另外有些男眾守丹田守得不好也很麻煩。

修行時心浮，便要使他往下沉，最好是把心放低，守在手掌心。因為掌心剛好放在身體中央部分，這也是一個辦法。還有一種是守在會陰穴，雖然亦是中央部位，可是也會引起身體的毛病。而守鼻端是較溫和，所以不是要對治浮沉便用鼻端較好。

走路時，可守湧泉穴，但是盤腿時它在兩旁，就不好守。走路習慣了把心安住在雙腳腳板心，很多毛病都可以治好。

在調息、調心的過程中，很多狀況都會出現。有些是必須對治，有些是不必對治的。如妄念多是不可對治的，不要跟妄念打架，不必想打死妄念。因為想要打妄想的念頭便是妄念，這是妄上加妄。妄念就像頑童，你愈跟它玩，它愈有興致，你愈反抗它，它愈要纏你。最好的方法是不去理會它，讓它覺得你沒有趣便不跟你玩了，這種方法對治妄念是非常有效的。對治一些外境或外在有情的干擾，亦可用不理睬的方法。它們逗你幾下，你不理睬，它便自討沒趣跑了。有些境界都是在你反抗力增大時，變得愈明顯強烈的。

所以除了昏沉或飄浮時需要對治，貪戀要以不淨觀對治和瞋恚以慈悲觀對治以外，多數外境的出現或內心的妄念，都要用一種自己用功、堅持用功的方法來對待。你用功，它便自己慢慢消失，心念愈專注，妄念便自然減少了。

在坐中，身體要隨時調好，坐得很好時，感覺這身體不存在時便不重要了，身體也不會影響他了。有些人入定以後，姿勢不好看，因為入定後，心微細到不能支持他的根身，頭垂得很低。所以行人如果知道自己能入深定，便要坐前起觀想，觀想不管自己進入那一層的定境，身體的坐姿都要保持原狀。

用功用得深時，五根都很敏銳，所以會有各種現象出現。眼睛見光、耳根也聽到平時聽不到的聲音，舌根嘗到口水也是甜的，鼻根也嗅到平時不注意的香味。在這情形下，旁人一碰到他，他的反應會很敏銳，可是這反應只是非常短的時間，只要心定，保持明覺，這種波動很快便恢復正常了。如果心的安定力不夠，他便無法平定下來。心住得好的話，他反應快，收攝也快，也不會起分別瞋恚心；心微細但是力量不夠時，反應快但收攝慢，這是心住得不好。

在用功到心很微細時，一些微妙的境界可能出現，但都不可以貪著，必須不斷努力在方法上，把心收攝，不受外境影響。

方便行第五

第一是欲：一種希求。修行時要有個大目標——即離世間的一切妄想顛倒，要得到一切諸禪智慧法門，所以也叫志、也叫願、也叫好、也叫樂。我們要立下志願，要知道為什麼要靜坐？修學靜坐如修學佛法，有了欲才能決定我們的成果。如果靜坐只為了使身體健康，那麼身體健康的目標達到後，便不會再有進步了。

在靜坐前立下目標，但是在用功時不要去想它。立下心願便知道自己的目標，給予自己一股上進的力量。立定了目標，所用的工夫自然而然會往那方向去，等到工夫到家時，所謂「水到渠成」，這工夫自然會提昇。但是不要刻意去追求，在用功時也不要去企求這目標，一旦有企求的心，工夫便用不上去了。有些人坐到心細下來準備往上進時，動了一個念頭：為什麼還不來？這念頭一動，他立刻掉回平常的狀態，什麼都沒有了。

也有人第一支香坐到很自然地進入很微細的狀態，第二支香開始坐時他就想這種境界快點來，結果他一直坐下去都得不到。所以工夫是按部就班，自然上進的，到了某個關鍵的地方，如果動了念，便要立刻捨，這便能上進；如果不懂得捨，動了妄念，即刻掉下來。所以明照之心必須時常保持，這樣才能捨。

這是善欲，或正欲，也是八正道的正志或正思惟，是正確的方向和目標。總之，學習任何法門，這正確的觀念要先培養起來。有了正見，才能有正確的目標，這樣才不致於盲從。

第二是精進：懶惰的人是沒有成就的。除了煩惱，一事無成。但是精進不是那種猛烈或緊張的修行，學佛愈緊張，效果愈慢。所謂「欲速則不達」，這樣子學佛，急於成功的人，就很快退心。精進是「細水長流」，需不斷地用功，不找藉口來原諒自己，也不懈怠，但也不是「一曝十寒」。許多初學佛的一開始便用衝，佛教的什麼法門都要學盡，當然容易受到很多阻礙和家人的反對。他因為是用衝的態度，所以無暇思索，到處碰釘子。這種又勤又快的學佛態度是不能持久的，所以很容易退心。

我們用密集的訓練方法是較為逼迫的，但是這只是一短暫時期，回到平日生活時，工夫便得恢復平常的速度。精進是溫和地用功，開始靜坐時，不要坐太久，不然常常捱腿痛，一想到靜坐便害怕了，那裡還會去修學。所以開始時十到十五分鐘便夠了，那時是注意力最能專注的時刻。剛好用上功時下座，這便能對靜坐留下很好的印象，便喜歡靜坐了。之後再把時間拉長到二十分鐘，那時工夫剛好開始轉弱便下座，這樣便不會感到煩躁，工夫也容易用上。以後時間慢慢增加，直到心力能收攝半到一小時的時間，那時要用功也容易了。日常用功的方法都不可太急太猛，這與密集的訓練不同。在密集共修裡，大家的力量能鼓勵你度過難過的時刻，可是日常的修學，沒有人鼓勵，意志又不夠堅強的話，便會打退堂鼓了。

「中道行」的確是不容易做到，我們日常的生活要做到恰到好處，就像佛陀對億耳說琴絃調得太緊太鬆都不能彈，而要調到恰到好處才能彈出美妙的音樂，這才是真精進！

第三是念：即正念。世間的現象都是無常、空，不值得我們把身心都投注下去，只有佛法是值得我們去投靠。佛法是生命的智慧，我們值得把精神用在心靈層面的提昇。「念世間為欺誑可賤，念禪定為尊重可貴——若得禪定，即能具足，發諸無漏智一切神通道力，成等正覺，廣度眾生，是為可貴。故名為念。」

學佛要有個遠大的目標——成就正覺。有了遠大的目標，在修學過程中碰到任何障礙都能忍受，因為我們要爭取這理想。譬如你們做學生的，為了進入大學，拚命捱苦都沒有關係，只要能考到學位，再苦也都值得了。為了遠大的目標，我們要付出，在付出的過程中，我們會遇到障礙。可是，只要保持正念，把握好目標，提醒自己，觀照自己，這些境界很快便消失了。有了正念，對於處境的干擾很敏銳，可是卻不受他轉。

第四是巧慧：對於世間樂、禪定樂，得失都看得很清楚。哪一件事重要，哪一件事不重要，都能用智慧來判斷。是非得失輕重都要用智慧來判斷，佛法的巧慧，能使我們對世間與出世間有個正確的價值觀。在修道過程中，方向便能把握，那是對世間和出世間的種種法、種種現象，採取正確的抉擇取捨。巧慧其實便是正見，有了正見便能作正確的判斷。

沒有巧慧，不知道輕重，常常捨本逐末。不知道把精神放在重要的事業上，而把精神浪費在不重要或可以捨棄的事情上，這導致因小失大。

第五是一心：「分明明見世間可患可惡，善識定慧功德可尊可貴，爾時應當一心決定修行止觀，心如金剛，天魔外道不能沮壞。」這是下定決心，要好好用功。

從這五種方便行：欲、精進、念、巧慧、一心，都是強調止觀、出世間智慧的重要，這都是為了配合修行止觀的方便。只要培養了這種欲念和決心，在修行時便容易上路。這五種法都有相關性，使我們知道自己在做什麼，這七打下來也才有意義，而不是迷迷糊糊地修行。

正修行第六

修止觀有兩種，一種是坐中修，一種是歷緣對境修。坐中修就是我們靜坐修的方法；歷緣對境修是日常生活中接觸外境，偏重觀的修法。

一、坐中修止觀

坐，是修禪定一個最好的姿勢。當然工夫用得好的不一定要坐才能得到定，我們做運動、經行、拜佛都是在配合坐中修。實際上，這也是修定的方法，工夫用得好，在跑香、拜佛時都可攝心入定。有些修禪的人，在跑香時，一入定、疑情一起可能便當下開悟，所以這種工夫並非只限於坐。但是對於一般人，尤其是初學者，坐是最好的姿勢。站著入定，心細時不能支持根身，很容易倒下。所以四威儀中，坐最穩定，有一種穩重的感覺。修行時要先使身體踏實，心才易落實下來。坐中修分五種：

（一）對治初心麁亂修止觀：那是開始時，怎樣對治粗心修止觀。這裡分作止和觀。在修的過程中，止、觀兩者可互相運用。可是這對於初學者不見效，因為他們還不能很好運用止或觀的方法，也不大知道什麼時候用止或觀較適合。所以對於初學，最好硬性規定他用止的方法，雖然可能不大適合他，但也會漸漸用上工夫，因為工夫用得久，生疏也會變純熟。在修行上，有時是要固執堅持下去，這樣才不會有所旁騖而分心。

這裡教了三種對治初心的方法：

1. 繫緣守境止：我們前面已說過了，重要的是把心安住在身體中央，前面的某一部分，這是穩定心的方法。這裡沒有提到數息的方法，只在對治觀裡提到數息觀。其實《六妙門》裡，一入門的方法便是數息，然後隨息、止、觀。這是一般的次序，雖然並非一定如此。有一些人，用功一下子便止了，或是一開始便隨息。這數息的方法非常適合於現在一般人，現在所接觸的外境與以前完全不同，以前的人生活簡單，任何法門都容易用上工夫，不像現在外境刺激多，雜念也多，大家都是掉舉心重（我們說散亂心，在唯識學裡稱掉舉心，因為散亂心是近於精神錯亂之類）。數息對治掉舉心最好，所以現代人用數息非常適合。

2. 制心止：這是念頭生起時，馬上克制它，不讓它生起。這種強制的方法，有時並不大好用，因為每次妄念生起，便要壓制下去，而妄念是不斷生起的，這樣變成只是在跟妄念纏鬥。生活單純的人，妄念也少，壓制還可以，可是現代人的妄念那麼強，愈壓制就愈強，用不上力。

用數息觀的，只用觀，不去理它。看著念頭動，明覺心要提起來，自己不受轉動。這明覺的心是數息到很微細時，自己可以察覺到的。雖然妄念還是有，我們便把心定止在這明覺的境界。妄念動時便看著它而心不隨著轉，就如站在街頭看著各種各樣的行人而自己不牽涉在內。對於佛法有研究、有修禪定工夫的人，這顆明覺的心會常保住。自己很清楚自己在做什麼，也知道自己在動什麼念頭，這覺照的力量雖不很強，可是往往在重要的時刻，自己知道自己在做什麼，這樣犯錯的機會就會比較少。

如果能夠清楚的看到妄念一個一個的過去而不隨妄念轉，過了一段時期，這些妄念自然會減少，那明覺的心也漸漸轉細，只剩下一個很微細的念頭存在，它只是一種清楚的意念，這種意念便是定境了。這樣妄念的消失是自然的，是用不去理它的態度，而不是壓制的方法，數息和觀照都是讓妄念自己消失的方法。

3.體真止：這實際是一種觀的方法。「所謂隨心所念一切諸法，悉知從因緣生，無有自性，則心不取；若心不取，則妄念心息，故名為止。」

這三種方法都能使妄念心息，所以叫作止。觀照每一個念頭都是因緣所生，沒有自性，是空、無我，所以便不執取，妄念便自然消失。真正的止是數息、隨息和繫緣止。在止的過程中也有觀照，但是止的分量還是比較重，而且所用的工夫多是在使妄念心息，因此便通稱止了。在修止時是很容易進入觀的，例如隨息時如果把注意力轉移到觀出入息的長短，那都是觀照的工夫了。

（二）對治心沉浮病修止觀：這種對治的方法剛好跟心的動向相反。心浮躁時要讓它沉下，心昏沉時要提起來，這是一種對治的方法。如靜坐間覺得冷時，便觀想一股熱氣被我們吸進去，與體內的冷氣沖和。如坐時覺得悶熱，便觀想冷氣，這是同樣道理的對治方法。

（三）隨便宜修止觀：即隨著自己本身的需要修止觀。這是對於修行已有一段時間、一定的程度，而對修行的方法都有一定認識的人而言。坐禪時，如果用止的方法，心不能定下來，便用觀。用觀的方法心不能定下，便用止。如果止能使心靜下來就繼續用止。如果觀能發揮它的效用，便不要改變這方法。這是止和觀互相調和，使心穩定。因為在修禪定中，除非是很好的定境，不然的話，上了路的修定工夫也會有退轉或起波動的。所以要用各種方法來調和，有時候是需要幾個方法相續用了才能定下來。

（四）對治定中細心修止觀：從1.初心、2.浮沉、3.便宜到4.細心，都有著一定的程序。初心是對一般初學，心還沒有著落的對治法。開始修學時，妄念多，心力不強，不容易發現妄念。用功下去時，妄念好像特別多，其實那是平時沒有察覺到——就像睡熟了，家裡進了賊也不知道，一醒來才發現家裡有賊。用功多了就發現妄念了，而妄念漸漸減少時，你稍微用功，就似乎會有昏沉的現象。有時並非睡眠不足，只是心稍微細，那昏沉現象便來了。這是心往下沉，此時就要把心提起來。這階段過去了，那顆心有時穩，有時不穩，這要隨便宜。這過去後，心慢慢止於定心，那是一個很微細的念頭，輕輕在動，便是定境或一心。在這境界上讓心這樣定下來，定力很強，其他工夫也容易用上去，可是修學止觀的覺得這還不夠，必須從這裡更進一步。

「所謂行者先用止觀對破麁亂，亂心既息，即得入定，定心細故，覺身空寂，受於快樂。」這是定中一種喜悅，整個身心非常輕安，有時感覺到沒有身體的存在，只有輕快的感受充塞整個心，這是定中的細心。

「或利便心發，能以細心取於偏邪之理。若不知定心止息虛誑，必生貪著。」那時會起某種作用，會令你的細心執取某些偏邪的道理。這就是為什麼很多人得到定後，還會走入邪道。因為他定中感受的境界很親切，他認為那肯定是對的，其實很多是幻覺來的。所以沒有佛法的正見，修定可能出問題，那些修學佛法以神通力入門的最後都會變偏邪。因為佛法要的是慧眼、法眼，他如沒有正見，只求感應，有了天眼能夠看到別人所看不見的，而不知天眼看到的也還是緣起和合的事相，並不是真的，所以佛法的正見是非常重要的。

其實不但定境裡看到的是假的，即使我們現在所認識的一切也不是真實，是本性空的。有些人入定時會聽到聲音，聽到說法的聲音就信以為真。實際上，有些有鬼通的神鬼，在你入定時知道你動了不正的念頭，他便與你相應了。若你一開始相信他，以後你就變成他的工具了。這種以為自己真的聽到、看到的人，自我意識是很強的，所以修禪也不是完全不要文字，文字般若還是很重要，我們可借用來印證自己的境界。如太虛大師，他讀經時攝心入定，在定中有不同的感覺，出定後，他再讀那部經，他的心境完全不一樣，那部經與他完全相應，就好像是從他內心中流露出來的。所以修行人還是要看經，所謂不立文字是當時佛法已普及化，城市中婦孺皆知佛法，而現在社會不同，不能再走「不用文字」的修學路線了。

只要有正見，任何法門都能被佛法淨化，因為佛法的涵容性是很大的。最重要是有佛法的慧解，而用什麼方法並不是絕對，只要不是惡法，目的只是為了啟發內心的慧見。雖然方法不同，可是理論相同，還是能啟發慧見的。修定時本身的正見如培養得好，平時多聞熏習，正見的觀念便很強烈，正念的力量也很強。所以處於定境時，正見才會顯發，起觀想時才不致於引發邪見邪知。能夠引發正見，便是開發智慧了。

定境是虛、是誑，定境也是修行的一種緣起和合的現象。唯識學說心有八個心王，心的作用叫心所法。唯識學把心分得那麼細，是因為心的感受是很多作用在那裡發生，我們才會認識那境遇，多麼簡單的作用都是靠緣起和合而有的，沒有一個主體。這樣認識了心的作用，就知道心是虛妄的，便不生貪著。因為只有以為是真實的，才會起貪著；不貪，愛、見兩種煩惱也不會起了，這便是處於定境而不貪於定境。那些愈修定自我意識愈強的人，便是執著那定中的一境是我，因為這一境能保持很久而沒有轉變，他便誤認為是永恆不變的主體。如修到非想非非想定的人，能住於定中八萬四千劫這麼久的時間，這看似不改變，但並非永恆。當定境慢慢消失時，其他的業報就湧現了，他又不知要掉到哪裡去了。在這種細心裡，修道的人很容易走入唯心思想，所以要有能力看出它的假相而不執著，這才是止。

修止時，雖不執著，但是愛心和煩惱還是沒有停止，這時應當修觀，觀定中的細心。以因緣生滅法來觀，便看出定心的不永恆、不存在，是假合現象，本性空，這便不執著定見。不執著定見，愛見煩惱便自然消失。這種慧觀必須先有正念，所以八正道裡先有正念才有正定，沒有正念，那所得到的定不是邪定便只是普通的定。正定必須依於正念，也就是說正念必須永遠保持，這樣所入的定便不會離開佛法，這種定境是沒有違背佛法的。

在止這個階段時，心很微細，而層次要比一般高，正見便顯出它的重要和微妙的作用。在這時，稍微有點偏差便會走入邪定；所以，世間因果的正見必須先培養起來。要有很強的道德觀念，要瞭解佛法的四聖諦和十二因緣的見解，讓這些深深地灌輸在內心裡，進一步去修大乘佛教的「一切法，本性空」，這些意念便會很深。在微細的定中，它便會發生很有利的效用，而且不會被任何一種邪見所左右。因為我們時常會起惡念和煩惱，它一起來，便可覺察到是非正見而捨棄。不執著定境，用正念維持定境，所以到了一心時，還要把一心的境界捨掉，達到無心的境界。

我們要斷煩惱，要破我執，便得把我執先凝聚起來。譬如要打破水是不可能的，只有先把水凝固成冰才能一鎚將它擊破。我們的我執是很散的，要破掉它，唯有先凝成一塊，才能一鎚便把煩惱打破了。所以修定的人要破這關時，會有爆炸的感覺，在一心時，自我意識特別強也是這個原因。唯有佛法正見的力量能夠將煩惱打破，所以定中要起觀。

（五）均齊定慧修止觀：一般人修行開始時都會有偏重，但是在最後一定會把它平衡起來，這才是完整的修行。如果走偏差便不好，如只修止沒有觀，這便是有定無慧，住於定中容易走偏邪，只是癡定，不能斷煩惱。只有慧沒有定，那只是動亂的慧，一種世間的慧解，不是真正的慧，也不能斷煩惱。舉個比喻：如只是定沒有慧，就像一間屋子沒有點燈，這間屋子雖然很穩固，但是裡面是黑暗的；如有慧無定，就如在屋子外的燭光，風一吹來便浮動，要照亮東西，力量也不強；定慧均修，便是屋子裡有燭光，不受風的干擾，才能夠發出真正的作用。

開始修學定慧，當然不能融合在一起，而是修定時重於止息煩惱妄念，此外平時也多閱讀經論，培養慧解，這是定慧分開來修。慧解與定境個別慢慢地加深時，也同時把他們拉攏，直到能夠定中起觀，也能在觀中有定。在閱讀經典時也會止下來，太虛大師便是如此開悟的，那便是定慧融合在一起了。印順導師亦如此，他從來不跟人說修行，但是看他讀經作筆記那種精密的程度，筆記作好了便是一本書的完成，可見他是用定慧來看經書的，他是靠慧解的力量使得定境很強，用定力來看書，才能有如此深密的慧解。他的著作，有時引用經典的一兩句，卻已代表了全文的主旨，可見他對經典的深刻體會。

坐中修是要與日常生活配合，而在坐中要修禪定，在定中要起觀照。平常的正見要與心相應，時時保持正念，觀照的工夫才會生起來，這便是定慧雙修了。

二、歷緣對境修止觀

歷緣是指行住坐臥，作作和言語。對境是對外境，即色、聲、香、味、觸、法，加起來有十二種事。它是我們日常生活中的修行方法，這裡舉其中的行做例子，其餘都相同。

譬如行時想，我現在為什麼要做這件事？是被煩惱驅使去做？還是為眾生而做？如果是善心的驅使，還要深一層觀想，明瞭行心和行中一切法皆不可得，那妄念心便息。這樣我們便不會受妄心指使去做事，就叫做修止。

「云何行中修觀？應作是念：『由心動身，故有進趣，名之為行。因此行故，則有一切煩惱善惡等法。』即當反觀行心，不見相貌。當知行者及行中一切法畢竟空寂，是名『修觀』。」這是平日生活中都要起觀想，觀想我們所做的一切本性是空。我們做每一件事時，都要有明覺的觀照力量，知道做這事是否利益眾生，而在做這事時，我們內心所想的一切是一種空的現象。一切法包括我們本身都是空，那是要觀想到三輪體空。以布施來說，布施的人、所施之物、受施的人，本性皆空。諸法本性畢竟空寂，但是因緣和合了，現象仍存在，雖然還是在生活，只是不被煩惱所驅使，不被境所轉。

這是行住坐臥的修法，時時都要保持正念，起觀照的工夫。有修慧解的人，在待人處事上都有觀照的工夫，至少內心明覺，在做任何事時，都能觀照自己的起心動念是什麼，自己在做什麼事情，這是最基本的要點。如果能夠維持這種正念，在慧觀和定力加深時，觀照同時觀它本性空，便是修止觀了。所謂「觀自在菩薩，照見五蘊皆空」，在還沒有照見五蘊皆空時，至少要照見五蘊的存在，然後才深入觀照它的本性。所以平日一定要提起明覺的心，而我們有許多訓練，都是訓練你們動中修止觀的方法。

這種觀照工夫是跟禪定相應的，禪定的工夫強，內心常處於穩定的狀態，這樣起觀想力量才大。十二種事都是我們日常中會遇到並且會去做的種種事，都得利用於修行。這樣修行的心才沒有間斷，這歷緣對境修配合於坐中修才更有效用。

善根發第七

修行過程中的一些反應，有些是從生理上去瞭解，有些是從心理上去瞭解。這裡有系統地告訴我們，我們用的方法在怎樣的情形下，這些善根會引發。《釋禪波羅蜜》還講到惡根發的情形，惡根發也即是魔境，只是第八覺知魔事那段著重在講鬼神的魔境，惡根發其實就是煩惱的境界出現，不過這裡只講到善根。

一、善根發相

善根發相分為外善根發相和內善根發相，那是說修禪定以後，表現於外在和內心的相好的改變，用功修定，當然會生效果的。這外善根，是從內心引發，但是表現於外在行為上。所謂修行即修正行為，修行以後，行為沒有被修正就不是修行了。但也不是那種與眾不同、標新立異，故意做成修行的樣子。

真正的善根發的外相，對布施更發心、對持戒更嚴謹，孝順父母、尊敬師長、供養三寶和好好修學佛法，多聞熏習，思考佛法。這些表於外的，大家都看得到，內在的進步卻無人知，只有外在的行為讓人知道你修學佛法有進步，這樣大家都會接受你學佛。學佛千萬不要做出古怪的樣子，這只會遭到父母的反對而已。要讓人知道學佛後，你變好了，而不是只學了一些皮毛，便強迫家人吃素，嚷著要出家等，本身對佛法卻沒有深入地瞭解，而真正的外善根發相是能得到別人的讚賞的。

內善根發相分成幾項，因為不同的法門修行時，會有不同的善根發相。這幾項是：數息觀、不淨觀、慈悲觀、因緣觀和念佛觀，佛陀教禪定的方法，每一個都是對治我們的毛病。如果這方法用得好，能夠與自己相應，在修學時會有一些狀態出現，這狀態是表示自己在修學上有點成就。

（一）息道善根發相：數息觀是一般上常用的，「身心調適，妄念止息，因是自覺其心漸漸入定。」在發定之前，在數息觀裡會發生八觸的運動。這八觸是八種在身上發生的現象，會發生是表示工夫已有點效果了。效果是好壞還不定，所以要辨真偽，而這八觸是動、癢、冷、煖、輕、重、澀、滑。

動有的是外在的活動，有時是體內的氣動。數息是配合呼吸的，這能引發體內的細分。細分產生時，便有種種不同的現象和變化，變化時就會動，動得粗便表現於外，動得細的，在體內較溫和地動，通常有對治的作用。除了以上動觸，還會感覺到有時癢，有時會冷、會熱，有時感到身體輕、有時重、有時澀、有時滑，這些都是身體的反應。

動的情形如果是從腹部中央發起再遍及全身的就較正確，如果只是少部分在動，那可能是細分動而已，不是真正的觸。同樣的，癢等現象出現時，也是要完整的，而且是從身體中部然後往上下延展。在這觸發生時，身心要感到安定、虛微、悅豫、快樂、清淨；如果觸一發生時，感到納悶難過，就不是真觸了。這是惡觸，內心會感到散、暗甚至害怕，這些都會跟著不好的生理現象發生。惡觸發生時，要立即捨掉；善觸發生時不要執著它，雖然它是很舒暢的。善觸執著不會有害，但是不會有進步；惡觸發生時，不立即捨掉，可能發展為邪定。

這幾項善根發相都相同，什麼都不要執著，只捉緊自己的工夫，也不必理會這境界是善是惡。如念佛見佛時，要繼續加強念佛的工夫，那麼境界的真偽便看出來了。如這境界是真的，它便愈來愈光明，工夫愈深，形象愈好，那是善根發相。如果一加緊用功，這境界便逐漸消失或變暗淡，那就是偽。這些現象都是過度現象，不要執著，若執著，任何好的境界都可能成為障礙，只停留在那裡沒有進步。就好像看到一朵小花很美，行人便蹲下來欣賞，而忘了趕路了。

這些動觸出現時，真正的善根發現，我們內心是很清楚的。若是在迷迷糊糊的狀態中出現的，那肯定是惡觸了。但是並非每個打坐的人都會出現這種觸發相，有些人什麼都沒有，照樣進入定境，這是因為各人的反應不同。這些只是一般而言，這些動觸是改變色身而發的，使色身能與定境相應，所以是在入定前發的。平常做運動，促進身心的健康，亦有同樣的道理。尤其一些能運動內臟的倒立、瑜伽等，都有治療的作用，那些身體少動，常坐著工作的，身體很差也是如此。這類觸的發生，能使身體變微細，也就很少生病，縱使有點毛病也很快治好了。而工夫用得更好的人，色身更微細，他的睡眠、飲食也相續減少，因為他所需的維生物資減少了，所以住在定中時都不需要飲食。

在修習時，「忽然覺息出入長短，遍身毛孔皆悉虛疎，即以心眼見身內三十六物，猶如開倉見諸麻豆等，心大驚喜，寂靜安快，是為隨息特勝善根發相。」這一段，這裡沒有詳說。在《釋禪波羅蜜》裡卻有很好的說明。

(二) 不淨觀善根發相：「行者若於欲界未到地定，於此定中身心虛寂，忽然見他男女身死，死已膖脹爛壞、蟲膿流出，見白骨狼藉，其心悲喜，厭患所愛，此為九想善根發相。」九想觀修得力時，對世間有遠離的感覺，而不貪著。善根發時，看到一切都是骯髒的現象，看到人就像看到一具屍體，都是污穢不堪，所以對一切都沒有留戀。有時甚至看到自己滿身污穢，內臟血脈一一看得很清楚。

有時不但是看到人我不淨，甚至在定中「見於內身及外身、一切飛禽走獸、衣服飲食、屋舍山林，皆悉不淨，此為大不淨善根發相。」在他眼中，沒有一樣不是不淨的，這便會有很深的厭離感。

平常人是不會發現世間人我的不淨，或者沒有認真去觀想它。明知身體與外界的不淨，乃洗濯粉香，勉強安慰自己還過得去。修九想觀和不淨觀的，才能不受愛戀迷著地觀世間。

（三）慈心善根發相：「若得欲界未到地定，於此定中，忽然發心慈念眾生，或緣親人得樂之相，即發深定，內心悅樂清淨，不可為喻。」從禪定中起來也感到很快樂。這種修慈心觀的，臉色是慈祥的樣子，給予接觸他的人一種親切慈祥的感覺。修慈悲觀修得好的人，到深山修定，連猛獸毒蟲也不會傷害他，因為他的慈心能感化一切瞋心很重的動物。眾生都能感觸到我們的瞋恚心，因為我們的瞋恚心與動物相應而使牠們攻擊我們，修慈心觀者的感染力的確是很深廣的。

有個故事，佛陀與舍利弗去托缽時，有一隻鴿子飛下來，飛到舍利弗的影子時，那隻鴿子還會微微發抖，後來飛到佛陀身邊時，就非常舒適地停下來。舍利弗已是一名阿羅漢了，可是瞋恚的習氣還沒有斷，所以鴿子飛過時還能感到那種習氣。而佛陀慈心成就已圓滿，那種與眾生的慈心感化力令在他周圍的一切都感到舒適。

菩薩要度眾生，要感化眾生，所以一定要修慈悲觀。彌勒菩薩就是修慈悲觀的，「彌勒」即「慈」的意思。中國彌勒的大肚像和布袋，表示都能包容，去到哪裡便把歡喜帶給那裡的人。

（四）因緣觀善根發相：能體悟三世因緣，不見人我。因緣觀修得好的，智慧發現時效果很大。一般修因緣觀，本身對因果的觀念還不強，所以只是加強因緣觀的訓練而已。如果是對緣起的理論已深刻瞭解，再用細心來專門觀因緣時，成就時便是無漏慧了。這裡講的還不是無漏慧，只是知道因緣的現象，對它有信心。因為從細心裡可體會到它的正確性，沒有從細心去體會，只是從字面上的瞭解是不夠深刻的；只有細心加上強大的觀照工夫，才能真正「看到」（不只是感覺到）因緣的現象。

（五）念佛善根發相：一般人以為念佛只是念阿彌陀佛，淨土的修行，其實並不完全對，這裡講的念佛也不是修淨土的口稱佛號的念佛。如文「若得欲界未到地定，身心空寂，忽然憶念諸佛功德相好，不可思議；所有十力、無畏、不共、三昧、解脫等法，不可思議；神通變化，無礙說法，廣利眾生，不可思議；如是等無量功德，不可思議。」即說在那時湧現在行者內心的是佛的種種好處。在佛教，最基本的念佛觀就是念佛功德相好，而不是在念佛號，念佛號是淨土宗後來發展的。

但這種觀佛功德並不容易，因為佛的功德如此多，所以一般是觀佛相好。佛弟子要作這種相好觀想並不難，因為他們和佛如此接近，而佛陀教他們作此種觀想，目的只在對治內心的恐懼感。在佛陀時代，很多弟子到墳墓或荒野去修行，在那些地方會遇到障礙，而佛弟子們感到內心不能安定，佛陀便教他們念佛的方法。念佛的相好、功德、智慧，這一切佛的功德在《大智度論》裡有詳細說明。雖然不易全部作觀想，但只觀一部分，成就時，一切佛功德都會湧現。

後來人覺得不容易，便改成持念佛號。持念佛號亦有它的道理，因為一切佛號都代表那尊佛的功德。如阿彌陀佛是無量光、無量壽的意思，無量光是智慧，無量壽是永恆。所以還是要觀照，觀照阿彌陀佛的佛號而去體會佛的功德，這才是真正的持名念佛。但是後來發展成只剩個佛號，連阿彌陀佛是什麼意思都不知道了。

念佛時，佛相可能會出現，但是不可執著，而要用功念下去，讓這佛相自然在一段時間內消失，這表示善根發了也過去了。如執著，那只是一種事相而已，所以要起觀。觀這種現象只是緣起和合而已，這樣才能往前進。念佛是比較容易入念佛三昧，但是不起觀還是不能發智慧。

佛相也不一定是真的，「他化自在天」的魔王亦能現佛身，佛教史裡就有一名阿羅漢，降服了他化自在天的天王。因為這名阿羅漢離佛日久，很想見佛身，又聽說他化自在天的魔王能現佛身，所以便要求魔王現給他看。他化自在天魔王答應了，但是事先說明，他現佛身時，阿羅漢不可拜，因為那只是假相，而魔王是受不起阿羅漢的禮拜的。阿羅漢答應他，於是魔王便現出三十二相好光明的佛身，阿羅漢看了實在感動，情不自禁地拜下去。這一拜，魔王立即回復了本來面目。所以見到佛時，不要以為便是真佛，這些相出現時要辨真偽，也不管是什麼相，用功的方法不要失去。

二、辨邪、真禪發相

（一）辨邪偽禪發相：「行者若發如上諸禪時，隨因所發之法，或身搔動，或時身重如物鎮壓，或時身輕欲飛，或時如縛，或時逶迤垂熟，或時煎寒，或時壯熱，或見種種諸異境界，或時其心闇蔽，或時起諸惡覺。」這些難過的感受都不是佛教所要的，叫作邪偽。如果愛著，就會失心顛狂，那就是反常的狀態了，所以要用正觀來破它。

有些人利用這些邪偽的禪發相來表演，以賺取別人的尊敬，來誘惑信徒，如飛騰、放光等，專行鬼法惑亂世間，這完全是違背佛法的禪定。是人命終永不值佛，還墮鬼神道中，或墮地獄。

（二）辨真正禪發相：若坐中沒有前面邪禪的感覺，如心散亂、身體辛苦、心裡納悶等種種不好的現象出現時，那真正的禪發相便能與定境相應，而且定境會慢慢加深，廣大光明，內心清淨歡喜。善心開發包括內在與外在的表現，如布施，孝順父母，行更多善事，信心慢慢堅強，對三寶更尊敬，智慧分明，身心柔軟舒適，心情輕安，微妙寂靜，對世間有不同的看法，會生出離心而不貪戀世間。以上這些都是善根，這才是真正的禪。

修禪時，整個身心都會有所轉變，變化時轉惡的現象便是偽，轉善的現象便是真。邪惡的變化要用正觀、用空觀來破它，不可讓心染著。預防好過對治，若不要有這種邪定出現，最好的辦法是依於正念而修正定，而正念是建立在正語、正業、正命上，所以還是要依戒。戒的觀念有了，在定中便不易受干擾。

三、明用止觀長養諸善根

在坐中善根出現時要修止觀二法令其增進，即是用本來的方法使定境加深；或是起觀，然後才以用功的方法加深，這樣才不致於停留在一個階段。

覺知魔事第八

魔事分四種：1.煩惱魔，2.陰入界魔，3.死魔，4.鬼神魔。死魔是每個人都要經歷的，除非是一些修行很高的，對生死已看透徹了，不然一般人都害怕死亡，所以稱死魔；煩惱魔是前面所講，要對治的惡根發相；陰入界魔是五蘊、十二處、六界或十八界。我們身心的結構，加上鬼神，任何一切能障礙修行的都稱為魔。

「凡見一切外諸惡魔境，悉知虛誑，不憂不怖，亦不取不捨，妄計分別，息心寂然。」因知虛誑，便不憂不怖，所以不去對抗也不執取；因不妄計分別，所以自然滅掉。這是用止的方法。

如止的方法不夠效用，就當反觀，觀所見之心不見處所，那還有什麼在？能觀之心都了不可得，哪裡還有什麼魔境呢？這是觀內心本性空，若觀後魔境仍不去，也不需害怕，只要想：世間最可怕的便是死，自己連死都不怕，便不會怕什麼魔境了，這樣干擾之魔境便不能起作用。

或進一步作觀想，正念不動，魔界跟佛界是相同的，他們都是與諸法實相相應。魔只是與惡法相應而顯現這種形象，其實一切眾生都具備成佛的佛性，所以魔界無所捨，佛界無所取。如此作觀，佛法便現前，魔境便自然消失。這類較微細的觀法，是在較微細的境界發生的。在這種境界裡，只要內心堅持正念不失，外境是不能起什麼干擾的。只要記住，任何境界能起一種作用使得我們不要修行，或感到修行受障礙，那才是真正的魔境。所以有這種感受時，就繼續用功，來個不理不睬，這才是辨法。

治病第九

通常生病，我們可直接看醫生，因為看醫生那麼方便。這裡說修禪以對治病由，是對那些住於遠山，不方便看醫生的行者說。除非這種病痛是在用功期間因方法用不對而生的，那便得以禪定來醫治。修禪其實只有使身體更健康，除非是方法用不對了，或是修定前便已有的身體毛病。

修禪時，色身由粗轉細時，最先要治好身上的毛病。所以從前身體本來很弱的，或有創傷過的，在修禪中便會產生細分，慢慢將一切毛病治好。

不過，修禪治病不是修禪的真正目的，它只是大目標行程中的一個副產品。一間工廠不可靠副產品來維持，修禪如意在治病，便失去了它重大意義了。

卷二

小止観續講

前言

每項修行都不能離開理論，理論與實踐缺一即不是正常道，不符合佛法的要求。因此，在所有密集性的修行課程裡（佛七或禪七），都必須有一些開示。主要是讓參加者從理解上去掌握修行的正確觀念，以便達到最大的修學目標與功效。理論是修行的基礎，但在真正用功時，就僅是專心一致先用功而已。

歷屆的靜七，我們都很重視開示這部分。在禪堂的開示，往往只針對修學者當時用功情形所需而說，是比較沒系統的。

第三屆靜七開示之重點，仍以有嚴密組織的《小止觀》為主。當然我們並沒有忽略其他的修行工夫，只是稍著重於「止觀」的部分，以讓行者能往更高層次去淨化與提昇。我在第一屆靜七的開示中，也以《小止觀》為主，後來筆記也出版了，即《小止觀講要》。此書所談多著重前面的部分，即修行前應作好的準備工夫，以便減少修行過程中許多不必要的障礙或問題。

有幾項重要的觀念，我在每屆靜七都會提醒參加者。雖然每一屆都有一些舊學生，但同時也會有一些新的學生，所以複習這些要點，還是有它的重要性。但也希望所開示的內容在層次上能不斷地提高，讓有心學習的人能更全面的認識，並能更穩健的進步。這幾點便是：

一、工夫要緊，心情要鬆

一般人在這兩方面都調得不好，不是工夫緊，心情也緊，便是心情鬆，工夫也鬆。很多人往往在打坐時緊鎖著眉頭，似乎有很嚴重的事情將要發生在他身上那樣。也有人以為修行是短時間內即能見效的事，或者抱著有所求、有所得的心態，希望能看到光、種種瑞相，或聽到不平常的聲音。這樣用心的人，保證他連平常的工夫都用不上去，堅持不了幾天就想回去了。

心情緊，工夫也緊的人，給自己增添許多不必要的壓力，即使表現得再精進，工夫亦還是不會很上力的。另一種人則進禪堂來打妄想或抱持著度假偷閒的態度，迷迷糊糊地來、不清不楚地回去。用功時的正確態度，便是把全部的身心投入在修行的方法上。

（一）調和

工夫的應用，不外在調身、調息、調心上作有程序的調適，這些多在禪堂裡講，以便修者從理解去實際應用，進一步去克服打坐時所面對的問題。從落實安穩的禪定工夫，再作開發智慧的觀想，方能相輔相成地圓滿「定慧」的功德，完成「止觀」的要義。

1. 調身

調身是打坐前的工夫，有輔助長遠修行的作用，調息和調心則是同時應用的。在南傳佛教的靜坐指導裡，往往只要修者坐得舒適即可，有「先接引後調整」的用心。然而，我們不妨一開始便重視或養成正確的習慣，以便常久的應用，免去再做糾正的時間。中國佛教的「止觀」法門裡，一直都很重視調身的方法，智者大師也對此部分做了相當有系統的指導。

基本上，先從下半身的腿部調起，再調上半身，但並非每次都如此。工夫漸漸用上的人，一盤起腿後，各方面的姿態就自然跟著調好。

首先，「結跏趺坐」。坐式有雙盤（全跏趺）或單盤（半跏趺）。接著「挺腰含胸」，手部稍往前，讓胸部含成自然的空間。「手結定印」，安於適當的平衡上，左手疊放在右手上，通常有「以靜制動」的象徵。我們所看到的佛像都是右手疊放在左手上的，這象徵佛陀從定中出來，作弘法利生的工作。

在雙手結印的兩拇指相觸的地方，有警覺、平衡、安全的功效，兩拇指相觸與手形成一個圓形的循環圈，在中國人的觀念裡有調氣的作用，在佛教則是圓滿之義。挺腰時，「雙肩平垂」，不要緊而要完全放鬆，即不會感覺往上吊的輕或往下沉的重。「下巴內收」，背部的脊椎骨就能形成一直線，順暢氣息和血液循環，有助生理衛生。

「舌頭上抵」，是最佳的安放法，口水流出時又有潤喉的作用。這樣又形成身體上的另一個循環：即氣由丹田往下，經過下陰，從脊椎骨往上，到頂部後往下碰觸舌，再回到丹田去，便是一個循環。

最後便是「眼簾下垂」內視。眼睛若關閉，在昏暗處容易昏沉，眼睜卻有四處張望、分散集中力的影響，導致眼皮緊張、疲倦和容易執取所看到的事物（所以我們往往選擇面壁而坐）。放鬆眼部的神經，自然垂下，在昏暗處可稍加張開。

2. 調息

我們平時的呼吸，並不很粗也不很細，除非在身體操作或運動，心理緊張或恐懼等過後，不然是不容易發現它的存在。我們就以自己平時的呼吸去數息，不刻意去調動或控制它的細長快慢，讓它自然。在用功的過程中，從粗漸細，呼吸的快或慢都是可能出現的現象。

我們所用的數息法，原本就配合身體活動的一部分，若再專注於此訓練下去，對修「止觀」便會有極大的方便。因為若一開始就用觀照的方法，便是把念頭往散中去捉，心是不易安頓的。有時我們也可應用呼吸去念佛，但在禪堂用功時，我們並不用這方法。念佛本是一種很好的修持法門，然念佛有功德，所以一般用功者在需要捨下時，往往會捨不得。而數息法則較容易，因為所數的數目字是屬於無記性或中性的，我們不能規定它們的善惡作用。

開始時，我們會覺得捉緊所數的數目字是很重要的，而且可以對治雜念或妄念。其實，數息也是種妄念，但屬於較微細的。在用功時，我們並不需要與雜念或妄念對抗，你愈對抗它，它愈熾盛。因為刻意要把任何妄念趕走的那個念頭，本身就是一種妄念。我們僅需把心力集中在數息的方法上，不斷地調和它，妄念的力量自然逐漸趨弱。比如我有十個人手，這十個人不聽從指揮而各自做自己的事，我便很難控制了；但我可以先控制一個，漸漸地便能控制兩個、三個……十個，他們就不再為所欲為了。

這便是先讓正念不斷地加強，捉緊主要的數息法專注下去，那些散亂的念頭自然漸漸失去發揮的力量。當工夫繼續加深時，我們將會發現數息的念頭亦變得很粗，感覺負擔或累贅而想放掉它。這時要拋開無記性的數目字便比放下念佛的念頭容易得多了，因為一般念佛觀佛皆有向上向善的方法，我們極容易執取它的莊嚴相好及種種功德，形成另一種雜念。而數息的方法卻不強烈決定我們放下的趨向。

隨順我們呼吸的念頭，應用久了，也容易造成一種慣性。比如有人可以從早到晚拿著念珠念佛，卻又可以一邊與他人聊天或咒罵他人。數息時，雖一到十能數而不中斷，但仍感覺有很多妄念在活躍，這時便得注意了！因為所用的數息法已成為機械化或妄念的一部分，可別以為是自己的工夫用得好。這時，我們可以做倒數（十、九、八……）或跳數（二、四、六……）去打破這個慣性，然後再回復原本的方法。等到工夫又用得密時，若還有許多雜念在數息的旁邊越過，調整的步驟又很必要了，直到打破慣性為止。

3. 調心

其實，在數息的同時也已是不斷在調和心念了。這是最基本的工夫，卻有延續的力量。用功時，心情要放鬆，因為緊張亦是一種妄念。當然偶爾給予自己加些督促還是需要的，但不是太強的壓力，不然只會造成更散漫，使工夫更不容易提起來。心情放鬆並不等於放逸，而是在輕鬆活潑的同時，工夫依然上路，不會鬆懈得產生「掉」的感覺，也沒有很強的壓力緊逼著自己用功，而是工夫與心念相應。呼吸數得密，心念順暢且清楚。

（二）持戒清淨

靜坐的先前準備，我們多注重在「定」的部分。實際上，「定」對一切修行有著連貫的作用，在「具緣」的第一部分便談到「持戒清淨」是修習「正定」所應具備的條件。觀念要正確是種正見，戒行要清淨便是一種戒學，兩者之間皆有相互增上的力量。透過「定」可以淨化戒行，以「正見」的引導可做種種開發智慧的觀想，連貫三學（戒、定、慧）且圓滿成就三學的行持。

二、目標清晰，動機純正

修行就是在鍛鍊我們的身心，最終的目標不外乎為開發智慧，了脫生死而修。此等目標並非現世今生的理想。有了遠大的目標，便不會為眼前的安樂與成就而自滿或停留。即使途中碰到再大的障礙，我們都會堅持到底，並覺得更有意義。

不要僅為了身體健康而來，這是非常狹隘的觀念，雖然這本是修學靜坐必有的效果。然而，有了純正的目標後，在真正用功時，還得放下修前的一切目標與動機，只是老老實實、單純地僅為用功而用功。盡自己的力量去完成，不好勝也不求表現，更不因為自己趕不上而自卑。用心純正的人，自然與「定慧」相應，淨化一切行持。

三、按部就班，不急不緩

修行時，大家都有各自的因緣與善根，不要急著以他人的程度或反應來衡量自己。不抱持比賽的心態，也不要自卑而鬆懈下來，放棄可能提昇的機緣，做出對彼此都不負責任的事。應衡量自己當下的心力與程度去用功，放鬆但認真；平平穩穩地去見去證，因緣具足了，自然「水到渠成」。

四、守護根門，明覺外緣

即收攝好我們的五根（眼、耳、鼻、舌、身），不讓它隨外在的刺激而轉移。我們這裡的重點是放在我們所用功的環境及與人接觸時，如何去守好自己的根門。修行是不能離開外境的，因為我們心念的部分活動，是依於五根對外境而產生，所以修行的前後都必須守好我們的五根。

在靜七的過程裡，都會搭配一些調和的運動、打掃和休息的時間。因此，在做按摩運動時應把注意力收攝在手掌心，心隨觸覺而專注；在做瑜伽運動時就集中在每個運動的動作上，對其餘的動作也應有一份明覺，才不致把心念散掉。一般來說，平常最大的干擾，應是各式各樣的聲音，我們必須讓自己不受它們的干擾。

修行時對這些基本概念或原則要清晰，然後實際應用在每個生活片段上，這對修「止觀」將會有很大的助益。

簡介十章

在修持法門的指導中，有嚴密組織、系統清晰的「天台小止觀」，共分成十章，幾乎都涵蓋了修持前的準備工夫、過程中所面對的問題，以及所應採取的步驟。後代的人把「天台止觀」法門分成四本，但早期只有三本；即《釋禪波羅蜜》、《六妙門》和《摩訶止觀》。《小止觀》則是屬於較後期的。這四本書都各別分成十章，是大乘佛教常用的章數。鳩摩羅什所翻譯的《法華經》與後期的《華嚴經》，也應用十為法門分類的數目，皆帶有圓滿的意義。

然而我們可以發現到，兩部部頭比較大的《釋禪波羅蜜》（漸次止觀）和《摩訶止觀》（圓頓止觀），智者大師都沒有把它們講完，後人認為這是因為時間與境界上的關係。《六妙門》和《小止觀》都僅有一卷，但內容豐富、組織周密，可惜很多都只是綱要或扼要式的概念，並沒有很仔細地把它們發揮出來。

因此，我們就有必要依於這樣的程序再找其他的參考資料，如組織較繁瑣的《釋禪波羅蜜》和《摩訶止觀》裡有關修持方法、善根發相、魔事與治病的部分，才不致把自己局限在篇幅有限的《小止觀》上。如此不管對個人的修持或將來指導他人時，都會有更正確、更廣和更深的效果，而且這種自我充實是重要且必要的。

《小止觀》從具緣第一到方便第五，是「天台止觀」很出名的二十五種方便，是修禪之前所應做好的準備及過程中所應用的方法。現在許多較有系統的教禪者，大部分都是直接引用「天台止觀」或稍加整理後再應用的。

在二十五種方便裡，具緣是指外在與行為上必須先具足各種修行的因緣。「訶欲」和「棄蓋」的重心放在凡是能引發內心欲望的境界、屬內心深細的根本煩惱，而這些煩惱表現於外的相，通常不是很粗顯的。所以，修禪者必先要能守護根門，方能訶欲和棄蓋，減少外境對打坐前後的影響。具足各種殊勝因緣的道場亦是我們常常強調的，以便身心在不受太多的干擾或刺激下，能順利地發揮最大的力量。

「調和」的部分主要在調身、調息和調心；即打坐前、打坐過程和出靜時的工夫——三時調三事。在具緣的部分已談過飲食和睡眠應具足，但到調和的部分又特別強調，就可見它們的重要性了。這些皆是人類生存所不能缺乏的需要，不應隨順自己的煩惱、習性做過度或不及的取用，而是適當地受用它們。「方便行」便是指調五種修行時的心態（欲、精進、念、巧慧與一心），是正確觀念的把握。

在二十五種方便裡，其實已經告訴了我們修行的方法，但《小止觀》在正修的部分，又再進一步的說明。它共分成兩個部分，但都不是很廣，甚至沒有談到數息的方法。因此，有必要配合其他的參考資料，如《六妙門》的數息、隨息、止息和觀想的方法。在《釋禪波羅蜜》也牽涉很多，而且還談到過程中可能會出現與證到的定境的真實情形是怎麼樣的。實際上，修學的方法向來並不難掌握，主要是修行過程中，在尚未獲得任何果位之前，身心所可能經歷的變化、反應與種種狀況，才是最需要留意的，這才可避免事發時慌張失措。

鑑於此，初學者不得隨便教導他人打坐。因為，在還未掌握好基本的觀念、方法，缺乏經驗或所參考資料，無法幫助自己解決問題前，是根本不可能去教導他人的。

禪修的訓練乃屬於較專精的方法，故修者往往可能產生較為明顯的身心反應（有溫和或激烈的）。一般可分為三項：善惡根發相、魔事和治病。善惡根發相屬於生理及心理上的反應，必須認清、瞭解與辨別它們的邪正，克服它們或進一步提昇它們。魔事便是任何能障礙我們修行的因緣，可以是順或逆，而順境未必是好的，逆境也不一定就是不好的。許多時候，它反而成為逆增上緣，所以應掌握好魔事的狀態，不刻意去執取或排斥它。

治病這個部分，在這裡特別強調，但沒講得很仔細。因為這些都純粹是中國和印度古代的醫學方法，雖有一些是禪修的治療法，但均不離醫學方面的。修行時，若是一般的毛病，我們以現代的醫藥去治療即可，但有時許多毛病是修行時才會出現。因此，禪修的對治法仍是重要的，雖然都是相當不容易應用——許多僅屬於概念或抽象的觀想（在應用時最好有人在旁做直接的指導）。我則認為在應用時應作過濾取捨。《釋禪波羅蜜》和《摩訶止觀》在治病的部分就談得更詳細，甚至把內部的五臟、五行和五戒都扯上關係。

古代的修禪者極重視治病的方法，因為當時的修禪者多是住到深山僻野的出家人，當自己或弟子們生病時，都需要直接或當下就對治。因此，治病對他們整個修行的過程便有著極密切的關係。

現代的學佛人，就可因時、因地、因人而有不同的治療方法，亦不妨有一些醫學方面的知識或臨床的經驗，除了方便自己還可多接引眾生，成行菩薩道的一環。但必須認清，這些都只是方便行，不是究竟或根本的。在戒律上尤其不是很允許出家人行醫，因為常常會為了治療病人，而忽略弘法利生這最主要的工作。

在修學過程中，當我們漸漸應對或克服了所面對的問題，那麼不斷上進、提昇乃至獲得某些果報是必然的。佛教修行的最高目標，便是證果，即證到智慧，這章把天台思想所謂的智慧做了詳細的分析。智者大師把自己對禪修深廣的心得組成了一套中國式的哲學與方法，和印度佛教有異，而其思想體系皆有他的理由與根據。

我們可以發現到，其他的「止觀」法門裡，在證果的部分都有些不同；有的只講到一部分，有的甚至沒談到。《摩訶止觀》只講到第七章，《釋禪波羅蜜》則把證果分成四個層次，即：⑴四禪八定的世間禪，屬世間的境界；⑵亦世間亦出世間禪，主要用數息的方法，可通世間法也可提昇到出世間法，還有便是「六妙門」和「十六特勝」的法門；⑶出世間禪，以不淨觀的「九想觀」為主，能開發與證入出世間的智慧；⑷非世間非出世間禪，即菩薩的禪，能證佛果的境界。《小止觀》對出世間與非世間非出世間禪幾乎都沒有談到，甚至在談亦世間亦出世間禪時也談得不夠詳細。

現在有許多人著有修禪指南之類的書，大體上也涵蓋了修禪的要點，但往往會讓人感到有不足之處。這是因為許多修禪的感受或體驗，是無法通過文字完全表達出來的。智者大師的兩本大著：《釋禪波羅蜜》和《摩訶止觀》皆是以口講出後，經弟子筆記和整理的，在細節上的問題，弟子們常常就有所忽略了。

古人在修行時，總是把全部身心都投入下去，再說他們當時的生活環境也較單純，所以修行容易得力，成就也愈大。然而，在應用文字的方法上，可能就無法把那麼豐富的經驗充分地表達出來了。智者大師在未說法之前，便是跟隨他的師父慧思學禪的，後來到南京去教禪。講了一部《釋禪波羅蜜》後又自覺不足，到天台山去住了十年左右，有著相當深厚的修行經驗。

今人雖然在文字應用及印刷方面已有進步，然而在體驗上往往就沒有古人的深入，這是兩者皆有不足之處。

基於此，親近善知識就變成修學過程中的重要途徑，通過他們的正確理解和經驗的引導，我們才不致走向偏差。有許多自認為「無師自通」的人，僅是從文字上去瞭解，觀念模糊不清，學來一套似是而非的方法，結果還是不通。另一方面，也誤導他人對修禪的觀念，以為修禪容易造成走火入魔，這些都是觀念不清晰，沒有親近善知識或沒找到好的參考書之故。此外，也有些人不重開發智慧，只求過程中的幻相與感應來作為修行的目標，結果未證說證，成為自誤誤人的邪禪。

佛法的體驗或心得，尚有必要再深入經藏去作智慧之印證。因為，任何過程中的身心反應都未必是正確的，別以為自己所見所證的就是真實的，若沒有以正觀或正見去明辨它的邪正，便極容易受它所轉移，造成許多麻煩。因此，親近善知識及參考正確的資料是非常重要的。

在有關「止觀」的著作中，除了《摩訶止觀》的文字較不易理解，《釋禪波羅蜜》的組織稍繁瑣外，大致上都不難掌握。有心學習的人，當然有必要詳細地翻閱這些著作，作些筆記和圖表，再與他人互相對照，找出共同與出入的地方，吸取他人的長處——有時自己也可能比前人做得更好。如此去掌握和取捨，修行的效果自然就更大了。

具緣第一

一、持戒清淨

具足五種外在、事相上的緣，是修行時最重要的準備，有了這些準備，方能貫通與圓滿三學的行持。止觀本是「定慧」的法門，而智者大師第一項便強調持戒清淨，因為戒是一切善的根本，從最淺的善乃至最高深的善。

宗教的善可以有共通的基本要義或道德價值，但卻有層次上的不同，學佛人更應清晰這個理念。拜神也可以是種宗教，他們行善往往是為了怖畏鬼神的干擾、懲罰或有所祈求，這和佛教那無界線、無限制的善——尤其菩薩道「同體大悲」及「無緣大慈」的善，根本就是兩種不同的精神。

一切善的提昇都建立於戒行上，是種道德的行為與實踐，經典內的「諸惡莫作，眾善奉行」，便很扼要地提出了戒律的根本精神。戒有止惡行善的意義，從最基本的五戒到最高深的菩薩戒，即是不同層次的受持與提昇。世間的一般道德，「止惡」僅是不讓煩惱現行，比如我動了殺人的念頭，但卻沒有去殺。「行善」時也多是有目的或不得已之下而做的，聲聞的「止惡」則需要把煩惱都斷掉，在較自利的同時隨緣行善。菩薩的層次就連惡念都不可以動，行善時總抱著「眾生病故我病」、「我不入地獄誰入地獄」的無限悲心，施種種方便的教化。

「止惡行善」是戒律原則性的提示，這裡的戒強調事相上的戒，即戒條方面。佛陀早期的弟子們皆屬利根者，並不需要制戒，戒條是後期僧質良莠不齊後才出現。我們必然要依持事相上的戒，但對整個戒行的根本，每條戒的精神更應把握好。根本與枝末弄清楚了，受戒就不會成為難事，而且會守得活潑、發揮一切善的修養。一個常常犯戒的人，戒律對他才會導致壓迫感，對持戒清淨的人卻是無形的——就像法律對一個奉公守法的人是無拘束的。

這裡的持戒，多針對古代的出家人講，當今學佛的風氣已漸漸普及於在家人，便有必要透過現代人的理解去掌握其根本或原則。此外，戒有分出家與在家的，在《釋禪波羅蜜》和《摩訶止觀》裡有更細的界分。通過持戒，人可分為三品：上品、中品和下品。

修止觀的第一個原則便是持戒清淨。一般，學佛的前後都沒做錯事，或出家後也不犯戒的上品人是很少的。對於犯戒的人，仍可通過十法去獲得懺悔成就的。即：⑴明信因果，⑵生重怖畏，⑶生起慚愧，⑷求滅罪方法，⑸發露先罪，⑹斷相續心。以大乘佛教的眼光，有這些還不夠，因為這只屬於個人之實踐，必須還要能⑺起護法心，⑻發大誓願、生菩提心，⑼常念諸佛，⑽觀罪性無生——這是理性上之懺悔，能直接了斷根本煩惱。

事相上的懺悔，有各種儀規，可用拜佛的方式，在佛前發露先罪、生慚愧與怖畏心、深信因果，下定決心不再重犯，以斷相續心。態度懇切，懺悔方能成就，戒行也才能恢復清淨。懺悔時，若見到瑞相，身心輕安，打坐時的效果很好或得好夢，這都表示懺悔生效，業障消除了，善法生起時自有好覺受。

《小止觀》對怎樣了知眾罪滅相，只是略略地談到，《釋禪波羅蜜》就談得較多。主要的，我們必須認真地去應用這十法，打坐才會有進步。有時得用心去修禪定，在入定時發露與觀罪的本性空寂，可直斷煩惱，這種理性懺悔比見瑞相的效果會更佳。因為好相好夢，往往僅可能是我們自己內心的幻覺或心理作用而已，並非是懺悔的效果。比如拜佛時一直想見佛，或打坐時以為能動、哭或笑就是有什麼樣的體驗，結果的確都讓自己看到和體驗到了，但這些都已加上刻意的成分，絕非真正的禪發相。修行時，對身心的任何反應都不要執著，實際用功時要把所看過的理論暫時置之一邊，真假相才不致混亂在一起。

智者大師明瞭到修止觀的人，不會全是上品根機的持戒人。因此，懺悔的方法就有它的重要性了。而智者大師本身也有編寫一些懺本，後來的天台宗便是中國佛教裡最重視禮懺法門的宗派，我們現在所拜的「大悲懺」和「地藏懺」等，便是天台宗後代子孫所編寫的。由此亦可見，宗教在逐漸普及後，往往會趨向於形式化，其層次也隨著低落下來。

拜懺的方法，對一般信徒是有它的作用的，然而對一個真正用功的人，就不很想受它之約束了。有時懺本的方法也未必是他們所需要的，一般，只要掌握了十法的根本，是可以方便應用自己的方法去懺悔的。

二、衣食具足

我們無法離開衣食而生存，需要以衣服來保暖，靠食物的熱能和營養來延續生命。佛教所講的食物，不單單指能吃的食物，只要是有營養，對身心健康有良好的作用、能維持或延續生命的，都叫食物，而能傷害生命的東西皆不包括在內。修行人不以衣服的美觀、食物的美味作為取捨的條件。只要能保溫和支持生命，我們皆應具足並適當地受用，用功時才能專注。古人在修行時，多是薄衣淡食，卻能真心去用功；現代人往往不愁衣食住行，但工夫反不如古人。

通常，修行人用功了一段時間後，胃口都會改變，因人而異。有些人從開始到結束，胃口都相當地好，有些人的食量會不斷地增加，因為他需要大量的熱能來提供他用功的力量，尤其在開始的階段，然而應適量地吃，不要吃得太脹。有些人的食量則會逐步減少，這可能有兩種原因：⑴他漸漸不需要，⑵工夫沒用上去、睡眠又不足，導致內部的虛火上升，口舌變淡而不覺味。用功時，食物的熱能常常能在最緊要關頭時給我們再往上提昇的力量，所以吃時就應吃得足。

我們的衣服也當隨適氣候而具足。氣候對修行有極大的影響，氣候涼爽有助於頭腦的清醒，而我們可以發現到，許多偉大的思想家、科學家或智能稍高的民族，多數是住在溫帶地方的人。天氣太熱或太冷，都不適宜修行。

修行時，不要走偏差或極端，以為吃得少、穿得少或相反的就是修行。這些都不是學佛的正確態度，智者大師也一再強調衣食具足之重要性。當然，在過程中因不需要而自然減少是可能的事，卻不用刻意去壓抑。佛陀修道時，也有過斷食的經驗，而且是跟印度當時的宗教學的，中國修仙道的人也有實行它。但必須瞭解這些都不是佛法，只是一種鍛鍊意志力的方便行，千萬別讓這些枝末把自己弄得怪怪的。

三、閑居靜處

修行的地方，基本上應具足這幾種條件：⑴寧靜，⑵氣候涼爽，⑶空氣清新、流通，⑷光線適中。最佳的修行環境，不外在「林下水邊」，然而對現代的修行人來說，卻是最不易找到的道場。中國古代的出家人，最會運用大自然所給予的環境去修行。所謂「天下名山僧佔多」，聞名的寺廟多數建立在名山上，如峨嵋山、天台山、普陀山等，寺廟裡住著很多用功的出家人（當然也還有些寺廟是建在大都市裡的）。

佛陀時代的印度習俗，對美麗的東西多少都有排斥的傾向，這主要是為了對治貪染的習氣。不過，佛陀對精舍內的藝術（園林藝術）卻極重視，中國人的園林藝術更為講究，往往保存著自然的風貌。佛教的園林藝術裡，有相當精緻的雕刻與繪畫等藝術，使我們的感覺器官能借助外在的環境來修禪。我們住於其間，受其熏陶，在修養和氣質上，都會受到極大的影響。

佛陀是一個注重自然生態的人，除了食物的需要外，他是不允許弟子們隨便傷害草木的。自然環境與我們的生活有很直接的關係，何況自然循環本是我們共業的顯現，自然界也一直是很適合我們居住和用功的地方。倘若過分地去改造或扭曲它，將嚴重地損害人類生存的主要條件。

佛教的修行方法必定和修行的實踐有著密切之關係，具備各種因緣的道場或環境，有助精神領域的不斷昇華。所以，大陸的佛教叢林多建在幽靜的山上，雖然有許多是旅遊勝地，可供遊客觀賞，而那些遊客不能到的地方，從來就不受名勝的影響，便是出家人真正用功的地方。一般來說，能讓我們看到的出家人，只是那些有職務的知客師（負責招待遊客的出家人）。

現代人的生活應酬多，求道心也不比古人深切，而且也不容易找到各種條件殊勝的道場，如何維持它更是另一項問題。古時的寺廟叢林，大部分有富裕的人或皇帝做各類供養；也有人供養田地，讓出家人自己耕種或出租給農夫們，從中再收租金。中國傳統佛教晚期的道場，就以法會或經懺之類的活動來維持。

我們的修行環境，當然不能與大陸相作比較，但仍有許多很好的道場可供大家用功；而且只要是一個真正修行的道場，仍是會有人護持的。居住在鬧市的人，就更有必要善巧地應用當下的環境，去安排自己用功的時間了。環境愈單純，修行的工夫愈容易上路。

四、息諸緣務

生活中，每個人都難免有許多外緣與本身的職務，這些時常會干擾我們的用功。這裡的息諸緣務，是對我們在精進用功時講的，而智者大師在做指導時，主要是針對弟子們或出家人說的。在家人則只能在參加修行課程時，才能真正的息諸緣務，將全部的身心投注在修行上。所以，在靜七裡有禁語、不接客、不接電話、不寫信、不做工巧或畫畫、甚至不多閱讀與發問，主要都是為了讓參加者減少攀緣、思考和探求的心理。

許多修禪的人，經常在參加修行的課程後，才發現到原來自己以往所懂的學問、理論，曾看過的公案或語錄，在修禪時反而成為自己主要的累贅與障礙。所以，在參加密集性課程時，這些都要能真正地放下，僅是把握方法原則，一味的應用下去，親身體會實踐而不是做理論的思考。

五、親近善知識

善知識可以是教授我們的人，同行或外護善知識。重點雖然放在教授善知識，但也不能忽略給予我們很多方便（住宿、膳食等等）的外護善知識。他們使我們能安心地去修行，對他們應時刻抱有感恩心。在同修方面，應盡力做好自己的工夫，即使沒辦法提起用功的勁，就試著觀想自己在加持他人用功，然後再慢慢調回自己的方法上。胸懷與眼光能不斷擴大的人，其工夫方能有更穩健的進步，並且能推動共修的力量，帶引大家一起提昇。大家將會發現到，雖然禁語了幾天，在課程結束後，彼此心裡反而更能感受到一股極為微妙的親切，是參加一般課程時所沒有的，這便是不需要語言文字去表達的共修之力量了。

在我們修行的過程中，教授善知識扮演著很重要的角色，引導我們迎向正道。當然佛法的中心與最高的層次是「依法不依人」，當我們在各方面還未能真正自立時，依人仍是需要的。雖然好的善知識不容易找到，卻也不是叫我們去百般挑剔，只要他有許多地方可讓我們學習與看齊，應該就是我們的善知識了。過於苛求的人，除了他自己以外，是沒有一個人可以成為他的教授善知識的。

當對佛法有了原則性的堅定後，在依於老師與大眾的力量，提昇便是必然的了。在自己還未穩定或沒有真正資格之前，千萬勿「好為人師」，以免突然發生問題時沒有足夠的經驗和力量去幫助他人解決問題。縱使是善知識本身，他亦還要不斷地親近其他的善知識和深入經藏。我們必須在任何時刻都能吸取古人與今人之智慧，因為學習本是件無止境的事，所見所證的也僅是層次上的不一樣而已。一個真正證入無學境界的人，與一般自認已證無學的人是完全不同的，在智者的判斷中更是顯露無遺。

訶欲第二

一、訶男女欲

訶欲有五種，以修禪的眼光、各種欲皆包括在內，這裡重點卻放在男女色相上的欲。此是人類最深也最淺、最細也最粗的煩惱，它深細地蘊含在內心，表現於外的卻很粗顯，因此很容易就障礙我們的修行。所以，修禪前必須要先能訶責五欲，盡量不受它干擾，漸漸地再息滅它。

一般人在道德觀念的抑制下，對男女之間的欲便不很明顯地表現出來。實際上，一個還沒有真正斷愛的人，這種欲仍是存在的，甚至一些修禪的人，也沒辦法真正地斷掉。禪修者應警惕五欲對身心所能起的誘惑與影響，禪定才容易成就。

以佛教的果位看，縱使是聲聞的果位，也必須到三果、四果後才斷淫欲。有的說三果時仍現在家相，四果方現出家相，而證初果的必斷邪淫。從聲聞的四果去看，這仍不是生死的根本煩惱，自我愛和無明才是最根本的。在修禪的階段，必須先發出離心，從色、聲、香、味、觸中去見男女欲障道的誘惑，進而減少染著，斷除它後才能邁向解脫道。

經典在談到男女欲時，主要在破斥女色的過患，視之如毒蛇。其實，女色對男性固然有它的誘惑力，男色對女性也同樣有它的誘惑力，這本是種相對的現象。佛經之所以會破斥女色，主要是針對當時以比丘為中心的僧團而說，更何況結集經典時是落在上座部保守派的手上。我們可發現到，佛陀為比丘尼講的經典並不多，也或許是當時的社會因素，造成許多為比丘尼講的經典已無從考據。但我們可以相信，佛陀對男女色欲之破斥是一視同仁的，也應當瞭解這些都是「對治悉檀」，可因不同的因緣、對象、環境而有不同的方便說。

二、訶五欲

佛法的離欲，把它縮小便指男女欲，廣的則是任何能引發我們內心的貪染，阻礙向上向善的外境——衣食住行。五欲即是五境，是我們無法離開的生活需要。當然有些人是不具足一些外塵的，因為五官中有不具其一二的，但卻不能說不具就是沒有。就好比眼瞎了並不表示沒有見到色塵，因為你在走路時，牆壁對你仍是個阻礙，僅是把色塵轉到觸塵去而已。

佛教的離欲，一般人以為是什麼都不能要了，尤其對待出家人的眼光，認為他們已

「四大皆空」，故什麼都可以不需要了。這是非常錯誤的觀念！我們既然無法離五欲而生存，就是以智慧來取捨它，藉以助長修道的心。學佛的人，若什麼都不要，即是走偏差與極端，扭曲佛教的教義。印順導師在《佛法概論》裡把離欲講得很好，即適當的受用五塵，不過分、不染著、也不要不及。除非環境所逼，不然便應當好好地去受用自己的福報。

太過固然會障道，不及也易產生另一種偏差的心理。如果不是以對治悉檀的角度，而以生活的正常道，離欲應是在受用時，不染著也不受之轉移。衣食住行皆應如此，若是針對修行的生活，要求就要嚴格些，甚至只做最低限度的受用，作為對治煩惱的干擾。

我們在參加所有密集性的修行課程時，受五欲之影響自然隨著工夫的專注而減低，最重要的還是在日常生活中去訶欲，才是正確的修行態度。因為我們平時的生活片段，往往就在用功時才浮現，倘若平時過著放逸或縱欲的生活，煩惱便很輕易地在我們用功時乘虛而入，擾亂我們向道的心。平時如果以散亂、掉舉的心想事情，它已足以左右我們用功的心；當我們稍微用上工夫時，忽然惡念湧現，那時便會感覺它比平時的念頭還要強烈，甚至會有很強烈的需求感，若又沒有足夠的定力去控制它，便很容易出偏差。所以，在訶欲時，應該認清它的缺點，對我們可能引發的惡緣，同時也應瞭解它的需要，衡量自己的需求量以做適當的受用及逐漸調整。

棄蓋第三

一、貪欲蓋

蓋指我們的根本煩惱，同時有覆蓋我們的善心所法之力量，所表現出來的相也很粗顯。貪與五欲有密切的關係，五欲多指外在一切能引生誘欲的因緣，貪欲則重心理方面。外緣雖然能誘惑我們，卻也是因為我們內心的貪欲所致。除了警惕外緣的影響，每一起心動念，也必須注意自己的內心煩惱。

阿羅漢和佛已斷愛，外境對他們是沒有任何影響的。他們以正觀或所謂「正念」去受用五欲，縱使沒有受用的因緣，也不會因此而起生死的煩惱；我們則是以貪念去受用、隨它而轉。同樣是五塵，內心的境界卻不同。

另一方面，我們內心的貪染，如果沒有五塵，貪欲要受引發的因緣也不很具足。雖然還是可以在腦子裡想，那是因為我們曾有過這樣的因緣或經驗。比如斷食了幾天的人，他的食欲就會特別強烈，憶念起種種自己曾吃過、喜歡吃的食物。此時如果又有外在因緣的誘惑，因為當下的感覺比平時還要痛苦，便可能會放棄繼續斷食的意念。

二、瞋恚蓋

所謂仇恨、憎恨、惱害的心理，是欲的反面，是對逆受所生起的反應，可說成一般人的脾氣或火氣。通常從小到大受人寵愛、隨順的人，或者從小便受虐待者，往往最容易引發內心的瞋火，失去理智的鬧事，甚至做出種種自害害人的事。

三、睡眠蓋

昏沉或迷糊狀態，都是打坐的大障礙。在禪堂用功時，若感到很疲倦或有昏沉的現象，我們不妨自己打幾個瞌睡，或躺下做五至十分鐘的大休息，效果將會比大睡一場後更好。睡眠過多，容易覆蓋我們的明覺心，使我們昏暗而無法提起觀念，終日處於迷糊狀態。

四、掉悔蓋

這是放蕩、懈怠的言行舉止。造成身掉、口掉與心掉的現象，過後才慚愧不已，不斷地懊惱已思已行，干擾我們繼續用功的心。因此，應小心守護，身、口、意都不能讓它掉。戒行清淨，自然無愧可生、無罪可懺了。

五、疑蓋

這是對三寶、對教授善知識，以及對自己的善根及信心起疑慮。假如一開始就先否定了自己的能力，然後才去用功，效果自然就差得遠了。修行時，第一個信念往往是決定我們往後用功的關鍵，如果起初便調錯了方向，接下去的工夫就很難再用上去了。就像我們要從怡保出發到吉隆坡，就應朝南方走，倘若往北走，必然離目標愈來愈遠，且浪費精神、時間與金錢。

所以，用功前就必須先調好自己的方向盤，掌握正確的觀念和方法原則，必將少繞許多無謂的圈子，不致心疲力竭，效果也自然提高。而且，在決定好方向盤後，也不要好高騖遠，急於見效。對於過程中種種必然的順逆境，不染著也勿慌張失措，才不致一蹶不振、退失向道的菩提心。

對三寶、教授善知識，自己有穩健的信念後，方能懇切地立下用功的目標，堅持不斷。這些信心往往在最緊要關頭時，有輔助我們往上提昇的力量。對師父、方法和自己沒有足夠信心的人，便會產生很大的矛盾而衝不過去。

調和第四

一、調飲食

調飲食、調睡眠在二十五種方便裡個別重覆兩次，講到具緣時已談到飲食的問題，在棄蓋的部分也談到棄睡眠蓋的問題。在此又特別提及，可見飲食和睡眠對我們的重要性。修行時，熱能提供足夠的消耗力，若能吃就應吃得飽。所謂健康的吃法便是：「早餐吃得好、午餐吃得飽、晚餐吃得少。」

二、調睡眠

睡眠則能養精蓄銳，延續用功的力量，故在應當休息時就要放下一切好好地去養息。一個能真正進入深層睡眠的人，通常所需要的休息時間都不會太長。佛陀的睡眠時間在中夜，即十點至兩點的那段時間，而且是處於一片光明下休息（做光明想的寤瑜伽）。在兩點至六點的後夜，佛陀已在河邊散步或打坐了，這正是修禪的效果。通常已用上工夫的人，飲食和睡眠兩方面都會陸續減少；心念常處於明覺的狀態，法樂無窮。修行時，對應當受用的不逞強壓抑，盡量隨自己的需求做恰到好處的受用。不過分，也不是不及，才是中道的涵義。

三、調身

用功時，許多人常會發現背部、肩部、頸部、腰部、腿部均會痠痛，這主要是因為我們平時幾乎都沒機會如此連續地用功過，而且坐時也多有靠背，很少有挺腰盤腿的姿勢。若平時缺乏運動，當處於稍微精進的狀況時，身體便暫時無法完全適應。另一方面，可能是坐時的姿勢調得不好，或腿功沒練好，都會影響用功的心理與生理。工夫固然要緊，心情更要放鬆。不斷調好自己各方面的姿勢，痠痛自然就會慢慢地消失，即使有也不成為障礙了。

入定前、打坐中和出定時都必須調和，姿勢要平穩、按摩運動要做好（尤其痠痛的部分），把心念集中在出定後運動的動作上。我們所做的運動，都是一些溫和的，步驟也配合我們的呼吸與心念，這即所謂氣和而後心平。

四、調息

調息即是不勉強自己平常的呼吸，不刻意去調動它的細長快慢，或把氣逼到腹部去。我們調息調得好時，呼吸自然會起變化。一般會有幾種現象：

一開始時還不是很順暢，可能顯得很粗，這是因為它在走往順暢時，必須與本來的障礙起疏通的作用。在粗時，心理也可能生起變化與它互相配合，在這過程我們就必須留意到它的任何變化及反應——可能是一些動作，用自己的心力慢慢調和它，過後便會感到它比平常的呼吸更順暢。

有時它還沒有很細，但可感覺它已進出自然，不受任何的阻礙；有時則會很細，甚至不易感覺它的存在。有時感覺它一直往下沉，然而有些人卻覺得它沉不下去，那是因為它順暢的力量還不夠，或許導致胸部微痛或極痛，表示這個部位可能有潛伏性的毛病，細分在對它起治療的作用。此時可做觀想，讓這股氣慢慢通下去，開始時若自己的力量還不夠，就先把注意移回鼻端，當氣通下去時，便自然會有治療的效果。

氣如果能夠沉到丹田，所謂氣海的部分，這時的注意力無論是在鼻端、腹部抑或丹田都沒關係，因為氣已順暢了。各個階段的反應，要知如何去調和它，比如氣粗了知道它是在發生疏暢的作用。任何起變化的身心過程，起初我們不妨讓它自然發展；但要非常清楚它的發生，然後再調伏它，不要允許它延續而成慣性（比如笑或哭等），阻礙我們修行上的提昇。有時會感到胸部很悶燥，氣很不通順，這時可做幾個深呼吸，把悶氣呼出。這樣雖比較不自然，但可方便應用，接著在用平常的呼吸繼續用功。

方法用得好，氣息就會顯得微細，心也會隨著慢慢定下來。心定氣則細，身心是相互配合調適的。至於調心的工夫，在正修的部分再談。

方便行第五

一、正欲

方便行有五種心念，在「心所法」內屬「善心所法」，但當中的「一心」在此不屬「心所法」，卻歸納在「定」的部分。這裡所講的欲不是五欲，是指正確的目標（正欲），在八正道裡是正思惟。在用功時有個正確的方向或目標，才能產生一種推動的力量。比如你為什麼要來參加靜七？在談到修養時，做好人或行善，對一般人來說就缺乏一種很強的力量，因為在好與壞之間，都沒有很清晰的概念。因此，為善時就必須要有個目標，才能堅持奮鬥，不斷進步。

中國儒家重實際，所以在善法方面提供了很多資料，但它卻沒有給人有力的前景，讓人在緊要關鍵時有再往上提昇的力量。在立功、立德、立言後，僅能把這些功德都留給後代的子孫去繼承，算是一種寄託。故有「積善之家，必有餘慶」的說法。

佛法則以因果循環或多方面的三世因果，把個人的善不斷地往後延續，提昇到解脫成佛。在行善時相信自己有能力，往最高層次絕對的善去追求，實踐乃至圓滿完成。一般人在被接引後，行善而碰到任何障礙時，就會堅持到底，把挫折化為更上一層的昇華。宗教與世間的一般道德不同，即在於它給予人類的影響是長遠性的，因為它有超越世間的理想——至少來世能生到天堂去，總比把功德都留給子孫們好多了。有了明確的目標，便不畏一切大小障礙，延續與加深精進。這樣，身體的瘦痛及毛病也無所謂了。

二、精進

止觀的「精進」有異於一般的用功，它可以提昇到出世間法，即了脫生死的境界上去，這所付出的必比平常的力量強，並能夠專精地去用功。

三、念

念便是憶念我們所應用的方法，如念佛、念法、念僧、念戒、念施、念天。憶念的力量一強，妄念自然趨弱，工夫也逐步加深。有時在對治打坐所產生的生理或心理狀態時，也要應用我們平常所研究的理論。貪念生起時，以正見去對治它；腳痛時觀痛的來源，看它痛至什麼程度，進一步把它觀空，或觀想痛局部化，不讓它影響到其他部位，等它痛到最痛時就會轉成不痛了。有時也可做安慰式的要求，再多忍一秒鐘……如此地加深自己的意志力。當念力增強，對佛法和修行的信念也會更強。

四、巧慧

巧慧是種智慧，但還不至出世間的般若，能明辨是非善惡、衡量取捨，堅持在時間和精神上應珍惜與投入。對世間的欲樂逐漸減輕，對「定」或禪悅之嚮往，乃至以定發慧，迎向灑脫、永恆的涅槃樂。修行有正見為引導，才不會出問題，引起大偏差。既不停留於過程中的任何好受，也不刻意去取捨苦樂，而處於不取不捨的豁然；更不以感應、神通力或定境為究竟的目標，才不會起顛倒邪見。有人於打坐時能跳起或升到半空中，平常人在站著時已能做到了，何必等到打坐時才修！這與生死又有什麼關係？這些都是沒有正見的妄想。正見或巧慧必依於佛學為基礎，才能邁向正確的實踐與體會。

五、一心

一心便是專注地去用功，不執著於生活上的萬緣，不計較身體的苦受、環境的干擾，隨遇而安一味地去用功，效果必然會更好。若僅是在擔心自己是否吃得飽、睡得好、坐得舒服之類的小事，你哪裡還能用功？修行的方法要掌握，正確的知見更不能忽略。在面臨需要取捨時，自會明於判斷。

正修行第六

一、坐中修

（一）對治初心麁亂修止觀

《小止觀》裡所講到止觀的方法，都不是我們現在所應用的，我們所應用的是數息法。數息法在佛陀時代已應用，佛陀極重視它和不淨觀，把它們稱為「二甘露門」（甘露在印度意謂不死藥，在中國便是長生不老的藥）。在佛法用甘露來形容此二修行法門，是意謂通過它們可證得不生不滅之境界。佛陀對出家弟子們說法重視不淨觀，以對治五欲的貪染，修觀成就者便有很大的出離心，這對現代一般的在家眾就很不適宜了。

數息法很適合出家及在家眾，尤其現代人的生活節奏緊張、複雜與散漫，它除了能起觀照外，也有對治散亂的作用。我們可以發現到古人在修行上容易成就，主要是他們的心念較單純、生活環境簡樸，容易將心安在用功的方法上。數息法能夠使心平靜，等工夫用上去了再轉向其他法門，如不淨觀或因緣觀，這樣它們所能發揮的力量就更深且強。而若以平常的雜念做觀想，便是在妄念上打妄念。

開始數息時，會發現妄念很多，甚至比平時更多。其實不是它變多，而是專注後必有的現象，這亦表示你已開始用功了。那時的妄念多數會打斷數息的念頭，初學者應當先調和自己打坐的時間與次數，不妨時間短、次數多，按部就班地專注下去。你將發現自己會愈數愈有興趣，進而引發對修行的需求感，這即是方便與善巧，不但不會煩躁，方法也容易上手。此外，平時腿功要練好，在參加此等密集性課程時，便可直往心力方面上路。不是上禪堂後才來練腿功、挨腿痛，荒廢真正修行的好因緣。打七應像一項考試，不是上考場後才拚命翻書，做於事無補的用功。

起初的許多妄念、雜念、惡念、邪念，固然會打斷數息的方位，但過了一段時間後，工夫稍微密時，你將發現在你數息的同時，仍會有許多妄念在紛飛，卻沒辦法打斷你的數息——即使有也是偶爾的事。此即證明你在調心的方法上已有所進步，此時的態度應對那些妄念不取也不捨，只是不斷加深方法的力量。這時如果執取任何一個妄念，便是在妄念上打妄念，只會引起煩躁感。

止觀的「制心止」是屬於第二個階段的。我們仍不需要像那樣把念頭壓下，因為我們的力量還不足以那麼做。當你再繼續用功下去，將會發現數息的念頭已提得更緊，其他的念頭都慢慢減弱，甚至感覺不出來。腿痛與外在的干擾也是如此，這是感官對外在刺激一層一層脫落的現象，不再執取身體的任何一個部位。只感覺數息的主要念頭，所數的數目字，還有一個人的存在感。

當再漸漸加深它，數目字也不見了，只有一個很微細的念頭在，不是在數息也不是在感覺這個身體，辨別不出它是處於怎麼樣的一種狀況，且不受左右或轉移。這便是漸入「定」境的情形，即是所謂的「一心」了。若再延伸下去，就是進入「定」境的不同層次，即初禪、二禪、三禪……。進一步，再往此「定」境去提昇，一般會有兩種方法：

⑴起觀想的方法：即所謂的正常道。提起那個念頭，依於我們平時所研修的理論做各種程序去推演。可以用四聖諦、四念處、緣起或無常做觀想，觀到某個程度時，將發現它會停留下來，這便是到了自己思考力的局限。假如不肯受它約束，再往深一層去找出它的原因，可能又會讓你衝過去了。

這樣一關一關的突破，把理論通過文字上的瞭解而化成自己內心的體會，即是兩個完全不同的境界。當突破到人類所共同的最大局限，而當時的定力又充足的話，再衝過去時，那便是出世間的智慧了。

做觀想時必須依於「一心」，往深處去突破重重的局限。我們平常會受到局限，可能是思考力不夠強、佛學基礎不深或定力不夠，若肯不斷往這些方面去加深，我們便能在修行時不斷地提昇與突破。當再回來閱讀經典或佛書時，對佛法的真實更能進一步地體會與印證。個人的生活態度、人生觀及對世間的瞭解也會漸趨完整，不再是平時那種散漫、片面或顛倒的瞭解。會有一種像在同一時間內對一粒球做立體透視而瞭然一切的感覺，心胸相當地寬闊。

觀照工夫到了某個階段的關鍵而無法再突破時，那便是我們的局限或障礙所在，有些人在用功不久後便衝過去了，那是因為他們平時的定力或慧力已離這個局限不遠了。就像我在講「中觀」時，雖想盡辦法提出文字上的理解，卻仍有許多聽眾無法把其中的觀念連貫或建立起來。有時我們也會碰到在為他人講述一件事的經過時，一再講述他還是無法理解其中的要義，便是另一種例子。

⑵不按牌理出牌的方法：這是比較不合理的方法，卻仍然有它的效果。這即是中國禪宗的方法，宋代以後的禪師們多應用此方法。當修禪者的工夫用得差不多後，禪師便會丟個莫名其妙的話頭或公案式的問題給修禪者去參或觀想，而且是沒任何理論可依據，無法通過思考或邏輯去獲取問題之答案的。比如「念佛的是誰？」、「什麼是無？」或「父母未生之前之本來面目？」。

這裡提出一個因聽破瓦聲而悟道的公案：有一位禪師因見他的一個徒弟可成法器，希望激發與加強他的智慧，所以有一天便問他這個徒弟：「我不問你其他的問題，只想問你父母未生前之本來面目？」這個徒弟經這麼一問，茫然得不會回答，翻盡了整部《

大藏經》都無法找到答案，便去求師父給他說破，禪師卻什麼也沒說。他歎息經典如今對他僅是畫餅而不能充飢，一氣之下便把昔日所看的經典全部燒盡。從此不再看經典，並離開他的師父，做個行腳僧，住到山上的古廟去。有一天，當他在鋤地時，突然鋤到一片破瓦而擊中竹身，發出聲響，他忽然聽到聲響而悟道，便行回居處披上袈裟，向著他師父的方向禮拜說：「感謝師父慈悲！當時沒為我說破，不然哪有今天！」

這便是所謂把思考力阻塞在一點上，就好像處於漆黑桶裡，離開一切理論與邏輯。當這個疑情的力量不斷凝集，而最終又能衝過局限的邊緣時，那便是開悟的境界了。如果他自己的力量不足，無法突破，便很需要師父的幫助，去引導他繼續或把他引回來。因此，參禪時師父是很重要的，他必須很清楚學生的狀況和實力，並予以適當地引導和照顧。這種方法通常只有在打禪七時才應用，而且需要有相當的經驗。比較邏輯或理論的話頭，所給予修禪者的壓力就不會太強了。縱使用上去了也沒有很大效果，但至少對佛學的體驗是深一層了，比起沒有用功前是不一樣的。

我們所用的數息法，即是要讓心念漸住於一境。到了一心不亂時，任何一種觀想的方法都容易成就與突破，這是較穩健的方法，不像禪宗那種較逼拶且猛烈的方法，把禪眾逼得無路可走。如果那人平時的意志力還滿強，工夫也用得不錯，在被逼得無路可走時，他會懂得倒退回來。若是相反的話，他便很容易出問題，除非有個經驗很豐富的師父在旁引導他。

數息的方法與過程大致再談一下，修行時切勿以為每個階段都一定有個界線，依照一定的程度提昇上去。用功得較好時，任何狀況都可能出現，對愈遠於自己的外境感受會漸漸疏脫，只有一個很微細的明覺在，若不是比較特殊或強烈的刺激，我們是不會受到干擾。在用功時我們的聽覺或觸覺均會比較敏銳，比如對尖銳的引磬聲或挨香板時的痛覺都屬之，但是定境所出現的反應，通常反應快消失也快。當下的感覺會相當強烈，如果在受刺激時的反應是慌張，那便不是定境，有可能是神經過敏或體質衰弱的現象。

有時，有人會把昏沉當定境。因為心在逐漸微細時，便很容易進入昏沉——一種似是而非、迷糊、昏暗的狀態。一個香板打下去還不知道發生什麼事，這時就更要提起警惕了。一般，我們不會長久處於微細之定境的，感覺一片平和、光明或感覺時間很短促是有可能，但都不會很久。

總括來說，禪宗的方法便是把人逼到局限去突破。另一種便是有程序，按部就班，也比較安穩的方法。先從世間法去體會真理，才提昇到出世間法的人，其思想體系會較完整。天台宗、華嚴宗的祖師們，大部分都是禪師，而他們都建立了較完整的思想體系。比如《釋禪波羅蜜》，就是從準備工夫開始，再談到調和乃至應用的方法、應用後的效果，即從世間禪推演上去。當然，它另一方面也有參考一些資料的。

然而，禪宗裡就缺少這樣的步驟及系統，許多禪師雖然有極深的境界或體驗，但若要他們從最基本的世間法帶到出世間法去建立起來，他們可能就沒辦法了。所以，在見到出世間法後，是不一定就能瞭解世間法的。一些有系統的禪師，除了境界很高外，原來對佛法的認識也很深，他們的思想系統，也往往與華嚴宗有密切的關係。

唐朝的宗密禪師，他便是華嚴宗與禪宗的學者。他的著作已失落，但序文仍在，從中可大略看出他的系統之建立。他把華嚴宗和禪宗結合起來，通過華嚴宗的圓融思想，以禪宗的方法去加以應用。

基本上，禪宗的方法被人視為是屬於利根者的，因為他們所需的時間一般都較短。其實，是他們用功的態度認真，死心塌地地去修，縱使病得面臨生命危險都不會放棄，結果開悟的境界就會很深。這好比在爬山時，走捷徑會較快，但會更吃力；走前人所開的路較安穩，但需要的時間也較長，但是所到達的目標卻是一樣的。這便是兩種方法的差別處。

《小止觀》沒講數息，然我們所應用的是數息法。數息的各個階段，聖嚴法師把它分成七個程序，屬現代化的分法。在《六妙門》裡則是數息、隨息和止息，屬古典式的分法。《小止觀》的止是：⑴繫緣守境止，⑵制心止，⑶體真止。觀有：⑴對治觀與⑵正觀。止和觀再分成兩種：⑴坐中修及⑵歷緣對境修。

1. 坐中修止

坐是四種威儀中最適合禪修的姿態，站久了，腳的負擔會很大；行多了，容易散漫和疲倦。我們雖然有經行的方法，但也是配合打坐工夫的。而躺的姿態容易進入放逸與昏沉的狀態，唯有坐姿不但能讓下半身休息，上半身又能起警覺作用，是種安心又能對治昏沉的姿勢。古代的宗教師發現盤腿最適宜修行，穩重且能減輕心臟輸送血液的壓力，有助生理健康及保持腿部的活力，現代人只要跟隨古人的方法做適當地調整即可。我們是通過數息的方法，讓散念凝聚下來。這裡的「止」有三種：

⑴繫緣守境止：即是專注地提緊一個念頭或一點上，讓它漸漸靜止下來。繫緣守境止便是以我們身體上能平衡的部位為守境的中心，若偏捉一點，將導致不平衡。比如只捉左肩，漸漸地便會感覺右肩很浮；若捉兩肩，便起二心，造成更散漫。

一般有以頭頂、髮際、眉間、鼻端、肚臍（丹田）或腳掌心為繫緣的對象。實際上，應用腳掌心還不是很中心點，但它有讓心往下沉和治病的好處，是東方醫學裡較偏向觀想的治病法。我個人則認為，把注意力集中在雙手拇指兩端相觸的地方也是適中的部位，而且有警覺的功效。比如在經行時，把心念止在踏觸或站穩的腳板上。南傳佛教的經行方法，是從那隻移動或步行的腳去作生滅、無常的觀照。兩種方法的效果是不一樣的。

我們應用的止觀，通常都有對治的作用，尤其在昏沉時，可把集中力轉向頭頂或髮際。然而這些方法都不適用太久，不然會造成有股氣往頭頂脹起，導致壓力而頭痛；此外放在髮際久了，眼睛便會有上吊的現象。鼻端則為臉部最中央的部分，又能配合呼吸的方法做無常的體會。

有的把注意力守在丹田，即肚臍下約四隻手指的地方，是全身精力之所在。若工夫用得不好，容易出毛病，因為當上面的氣不能沉下去，又勉強觀想把它往下沉，造成這股被引動的氣無法與自然的呼吸貫通，我們就可能控制不住它在身體內部亂動，這對女性常常就會形成生理毛病的反效果，甚至導致經期不穩定。這種守丹田的方法，一直以來不鼓勵被應用。

當專注在鼻端的方法，順暢到可以隨著呼吸進出，感覺氣變得很深、很沉、很細，一直往丹田沉下去然後再起來，此時變成丹田的氣受引動，而氣已沉到那邊去。如果再發現到鼻息已細到不易發現時，把注意力放到丹田來守，便可感覺它微微的呼吸，因為氣已通順，那時就不會出現任何問題了。這些皆是修者必須留意的，守的部分所可能產生的問題與影響。

有時我們的心念很浮，妄念很多，即使是數息或觀鼻端都沒辦法把它拉回來，我們便可觀心往下沉，守在腳掌心或兩拇指接觸的地方。若心很沉，便把它提起。丹田的氣被引動後，不要一下子讓它往上衝，而是要讓它往下沉，再慢慢順著我們的脊椎骨從會陰往上提至頂部（這時頂部會有股像心臟跳動的感覺），到舌頭抵上去的地方，把它再收回到丹田。在道家來說，便是一個小周天。任督二脈如果打通了，便有提昇健康的作用。

佛教也知道有這效果，卻不注重它，因為看出它還有反效果的一面。如果那股氣停留在會陰的部分，不能往上再提或起疏通的話，此時若又沒有正見、巧慧作為修行的輔導，把它觀空後再提昇回來，瞭解身體也是緣起和合的虛幻相，不執取任何感受為真實與需要，便很容易走向偏邪的方向去。後期密宗的雙修法，便多少與這些氣脈有關係。因為任何氣在受引動後下沉到會陰，又沒對它做空的觀想時，它便會影響一個人的性欲，加強對它的需要，所以後來的道家也有修「房中術」的現象。

佛教修禪所應用的方法，多數是對治悉檀；這可有種種方便善巧，也可能造成偏差的現象。所以佛法要以第一悉檀為中心，第一悉檀是不變的真理，其餘的三種悉檀都是因需要而有的。比如修不淨觀成就後，出離心會很強，甚至對自己的身體也感覺厭惡，如果沒有智慧的引導，便會走向自殺這愚癡的作法去。因此，佛陀從來不重視修身的方法與效果，看出它的偏差所在，並要我們提起明覺。當心逐漸定了，就把它轉成觀想。不淨觀或慈悲觀，在方法上做不斷地調和與提昇，保持正常與明覺的心態。

《小止觀》在這方面發揮得不夠，《釋禪波羅蜜》則提供了許多應用和五種對治的方法。如何去瞭解、糾正、對治、引導或提昇修行時的種種反應，才是修行的關鍵所在。

⑵制心止：若一開始便用這方法，就是以妄念打妄念，必須等所用的工夫較穩定、力量很強後才用它。聖嚴法師把它稱為「貓捉老鼠」的方法：當數息的念頭很強時，把它當成一隻貓，其他的妄念都是老鼠，一隻一隻的把它們捉起。這便是妄念一生起就把它克制的方法，反應必須要很快，不然就會捉到了左邊，跑了右邊。

另一種方法則是採取不理會的態度，好比做個旁觀者，站在十字路口看人來人往，卻不隨著這些人轉動（看而不思不辨）。當數息數到很細密，甚至捉不到念頭時，便把注意力止在鼻端，看著妄念紛飛而對它們不取不捨。等到夜深人稀時，剩下自己一個人獨處，這即是所謂的「一心」了。從這個念頭還可以再加深它。這種壓制與勿對抗的方法，仍屬於止的部分。

⑶體真止：這裡不完全只是止而已，它需要用觀想來止息我們的心念。體就是體會，真就是真實。當妄念生起，繫於任何一個外緣或外境，即刻生起觀察，觀照外緣和妄念都是因緣所生法，沒有永恆不變的主體，對任何事相或心念便不起攀取的心，妄念心自然自滅。

這種觀想，如果心念不夠細，又缺乏佛學的理論基礎，是沒辦法用上去的。所以在一般的教導裡，多應用繫緣止的方法。我們則以數息的方法，讓心安定後再應用其他觀想的方法，效果就更好。故在修觀前，必須先止。止用得不好，觀的工夫就不太上力，實際上也還是與妄念在一起的。

比如把十支接到十個水龍頭的水管開起來，所發射出來的水，力量便弱。如果把這十支水管集中往一支水管射出，水的力量就強，這也便是「一心」或專注的力量。假如我們以散心做觀想，這與分散或只是集中一部分水管的效果是一樣的。所以必須先訓練把心念專注於一個念頭上，再來加強觀想的力量，即是「制心一處，無事不辦」的效果了。

學佛的根本目標在於發智慧，了生死。當心止於一處後，把它轉成觀想，開發智慧是可以成就的。散中觀無法斷煩惱，因為妄念仍是與煩惱相應的。佛陀起觀想了生死的禪定工夫是在四禪，一般人若工夫用得好，還是很微弱的。但從初禪再往深至四禪，便是引發一切智慧的根本定。佛陀入定時多安住在四禪，開悟與涅槃時也在四禪——也有些經典說是四禪到無色界定中間的定境，取中道的意思，但重點仍在四禪。實際上，四禪也是依於數息修止去的，當然依繫緣止也是可能的。

心定了，把握與加深它，我們將發現它已經不完全是意志力可控制的。有下意識的自然現象，很順、很自然地「滑」進去，給人很舒暢的感覺。有些人在有了這種好受後，便對它起期待的心理，但我可以肯定的說，這經驗將不再來。因為修行時，「捨」心是很重要的，但也不要刻意去捨；平時應多從布施中培養「捨」心，尤其自己所心愛的，對自己有利的事事物物。與智慧相應的布施，是可證「三輪體空」的，胸懷放寬了，修行自然順暢得多。所以，第一支香坐得好，不要執著第二支也坐得好；執著心一起，任何好受都不會再來，容易導致停留或偏差出現。

止多用在對治初心的散亂，屬調心的部分。初學者也有修觀的，但數息法主要在止。數息用得好時也能成就觀，同時也從呼吸中明顯地體會無常生滅的實相。

2. 坐中修觀

觀有對治觀和正觀：

(1)對治觀：這主要在對治悉檀的成就上。降伏與對治煩惱的方法有二：

第一，在用功時就當下應用那個方法，順著自己的個性去修。如果是個貪行人，就直接修「不淨觀」來對治貪欲。瞋行人就用「慈悲觀」，生同情、憐愍、慈愛與拔苦的心。都是主要以人為對象，從最近推廣到最遠的，乃至一切眾生。散亂心很重的就用「數息觀」，我見深重的就用「界分別觀」。我執重的人多以身體為執著的單位，以為有個完整的我。「界分別觀」便是對身心做生理與心理的剖解，以五蘊、十二處、十八界的不同角度去分析我們的生命體，不外生理及心理的結合，並找出生理結構的元素及心理活動的情形。從這緣起和合、空無自性的「假我」中，破深細的我執。因緣觀（正觀）就對治不明因果或有不正確見解的癡行人，讓他對世間作因果循環的分析。

一般，「不淨觀」、「慈悲觀」、「數息觀」都不是很強調理論基礎的，只要掌握好方法和對象即可。「界分別觀」和「因緣觀」，就需要有相當的理論基礎，才能有力地對治我執與無明這些根本煩惱。後來演變到大乘佛教的五停心（對治觀），把「界分別觀」抽出，加上一個「念佛觀」，主要為對治恐懼及增強信心。

佛陀時代的弟子們，多是修「不淨觀」的。經常到墳場去用功，讓自己明顯及逼切地體會無常與不淨。亦藉印度當時處理屍體的地葬、水葬、風葬與火葬的情形去修，把實際的印象轉為種種不淨的九想觀，修時往往也可能受墳場裡的眾鬼所干擾。佛陀便教導弟子們念佛、念法、念僧、念戒、念施、念天，加強正念以除恐懼心。早期的念佛法門，是念佛與觀佛的莊嚴相好、無量功德與智慧；後期卻演變成業障深重的眾生的對治法，然後再演變到只是念佛號而已。實際上，每個佛號即代表了每個佛的功德。然而，現代很多的念佛人，均很少注意這些，只「有口無心」地念。

第二，在正觀或止的方法裡，我們只專用一種方法。如果內心突然湧現惡念惡相時，便應用這些觀想個別去對治它。當心恢復平靜後，再用回原本所應用的方法。

⑵正觀：正觀即因緣觀，經文中說：「觀諸法無相，並是因緣所生，因緣無性，即是實相；先了所觀之境，一切皆空，能觀之心自然不起。」所觀的內在與外在，都是因緣和合的，所觀之心是空寂，能觀之心自然也是空無自性。這種能緣所緣皆空的正觀，必須在平常的生活中細心去分析與觀察：從個人存在的現象、外在的事相、感覺上去觀察和體會的。

佛教的四念處，便是因緣觀的一個很好的方法，即觀身不淨、觀受是苦、觀心無常與觀法無我，這是「別觀」。「總相觀」便是直接觀我們這個身體是無常、苦、無我、不淨，對於受、心、法亦如是觀。總括了這四種現象，又總觀身、受、心、法都是不淨、苦、無常、無我。

做此觀想時，必須瞭解觀想的基礎所在，如何去分析，然後又把它們之間的關係連貫起來。我們將發現這些觀想的理論基礎，皆建立在緣起之道理上，比如從一棵樹的成長過程也可觀緣起。這樣用功久了，對世間真相的瞭解，不再是粗淺、單線、顛倒的，而是一種多次元、無始無終、循環的因果觀。

對生命的輪迴現象，就從環形的十二緣起去看，另一種便是從時間和空間的角度去看。一切法的生起，必落於時間與空間之範圍內，其中的發展過程，必牽涉了宇宙的種種法或其他因果循環。從空間上去看，便是無我相，一切法是不能單獨存在的，必依於其他的因緣、條件的具足而存在；從時間上去看即是無常的，一切不斷在轉變。

從整體去看個人，個人是消失在其中的，但整體又是從每一個個人所組成的，因此無我之中有獨特性。在共修時，雖然是個人在用功，但卻不會因為執著唯我，而與他人產生不能融洽的氣氛。無常便是從整個時間去體會每個生命體的流轉相，在每個不同階段的情形出現時，卻不能忽略每個過程之間的延續性，所以無常之中有它的延續性。如此去觀察分析，又進一步從經典去深入探討理論，對緣起就更加瞭解，也能深一層去體會。理論的認識提昇了，再深入去做觀想，彼此間的作用才能相輔相成，而對世間的現象才能做進一步的瞭解。

正觀或緣起觀，是整個佛法的中心和理論的基礎。當觀想成就後，便是佛法的智慧了，證了能斷煩惱、滅生死。在證果的部分，就會談到天台宗本身的觀想或智慧，它通過緣起建立與佛陀稍有不同的說法。

（二）對治心沉浮病修止觀

在用功了一段時間後，往往還會出現不同的現象。我們也大略談過了修止時心浮，便修觀，修觀時心浮，便修止，有時也可以止觀並用。但這裡講的，只用一種方法去對治一種。心沉時修觀，一動念便能對治昏沉，有時也可把觀想的注意力往上提。心浮時，若再用此法，便有愈觀愈浮的現象。有時只要捉緊所觀的對象，便有止的作用。一般用功久了的人，都會應用這些方法，還不熟悉者，可通過參考書或請教老師，作應病以藥的對治。

（三）隨便宜修止觀

隨自己的方便，在適當的時刻做善巧對治，隨時應用止與觀對治浮沉。

（四）對治定中細心修止觀

在進入細心時，往往會有較好的感受，或者對外境、內心意識曾有過的印象生起較敏銳的反應，這時偏差的現象也最容易出現。一些人平常看多了有關公案、禪定的書，或佛學理論基礎好的，並背誦了許多優美且內容豐富的詞句，他們在打坐進入細心時，便很容易地捉住這些所讀、所看的，把別人的境界當成自己的，以為已見已證；也有人為了內心充滿禪悅或種種好觸（動、搖、哭、笑等）而停留的。若沒有巧慧的明辨，便會對這些細心時的好受、所浮現或憶念的影子（浮光掠影）起貪染或執著，落入邪禪定。

所以，用功到細心時，就要能起正觀，以佛法的道理去印證所起的種種反應。我們可暫時安住在正確的禪發相上，然後加強細心的力量，捨掉所得的任何境界，讓它再深入和提昇，分析定中的細心也是虛幻不實的。如《金剛經》所說：「過去心不可得，現在心不可得，未來心不可得。」愛染與偏邪的作用便不生起。如果觀慧的力量強，便足以斷煩惱，不然也有止息煩惱的力量。

從入定到細心時，修禪的真正分別就會出現了。若是一般的外道，便會停留或從此而發神通。理論基礎、正見不足的人，很容易產生邪知邪見，以為自己已是開悟的人。由此可見，修行時，理論基礎和正見是很重要的，尤其處於細心狀況時，潛伏煩惱的作用更加顯發。修者亦勿以為可投機取巧，偽裝做作來獲取主七和尚的印證，這是自欺欺人、愚蠢自誤的作法。

（五）均齊定慧修止觀

在修止或修觀得定後，兩者就必須配合起來修，才是平衡和完整的修行。止中沒觀，便是癡定，不能斷煩惱；觀中無定，觀的力量便微弱，無法發真慧。粗心觀多了，心反顯得更散，成妄念的一部分。或只屬單線、平面的觀，不是循環或立體的觀想，也不是佛法的中觀，不能了然世間的一切實相。天台止觀也是依於中觀來建立其思想的，但又與龍樹菩薩所講的中觀不太一樣。我們在講中觀的理論時，便已是在說明佛教緣起的道理。在做這觀想時，必要能以沒有雜念的細心去分析與觀察，通過文字去一層層瞭解，乃至得到自己的真正體驗。比如細心去分析《心經》或四念處觀，其效果便與一般琅琅上口是不一樣的。

所以，要知道細心觀察，是我們通往佛法的親身體會之最佳途徑。用止用到某個階段或程度時，便要起觀，觀就能依於定中的細心產生力量，止也不會沉寂而不起觀。有止無觀，只是短暫地把煩惱調伏下來而已，所以要止觀並駕，不可偏廢。

當粗心修到對浮沉的對治，或隨便宜的應用，克服了種種反應，細心更進一步轉細時，就應提起警惕，不要讓此細心起偏邪的作用。因此，不管是從修止或修觀入門都好，最終仍是需要止觀均等，止才不致停留，觀慧也才有斷煩惱的作用。

可見止和觀是條理清晰、相輔相成的。我在此做了原則性的提示，其餘的工夫，就需要你們通過本身的細心思考和參考其他資料了。目前對「中觀」講緣起講得很好的，佛經當然有，在印順導師的《成佛之道》三乘共法與大乘不共法的部分，以及《佛法概論》對緣起的分析，都很透徹。但如果只是透過文字上去理解，缺乏細心的思考和體會，仍不算是真正契入佛法的深義或和它起相應的。

坐中修多應用在較特殊或靜坐的課程裡，所以就有必要注意到多方面的方法。但也要能在日常生活中去配合與培養明覺的定心，止和觀才能逐漸均等。

二、歷緣對境修

(一) 歷緣修止觀

歷緣的「緣」是指我們身體上的動作，針對這些因緣或動作來修止觀。對境的「境」便指六根所對的六塵，也即是在行、住、坐、臥四種威儀，其他的動作和語言及應對六塵(色、聲、香、味、觸、法)時，都要去修止觀。歷緣對境修與坐中修有些不同，它注重隨時隨刻修，身心在日常生活中都要起觀照的作用，時刻保持正念和清明的心。禪堂裡的訓練方法，也是為了在日常生活中保持敏銳的觀察，而且重點放在動作上的觀照，及起心動念和善惡之念頭，這已是把善惡道德加上去了。開始應用時心還很粗，不能觀察到心識的活動，所以，只需要知道身體的動作，然後保持心念不受外境的干擾。

歷緣對境修則從上面所講的更進一步。其實，在歷每一種緣時，觀想的方法均是一樣的。它在這裡只是更詳細地再分成六段，我們只要把握到其中的基本原理，任何一種動作都可一樣去修止觀。實際上，止和觀在應用上的分別並不明顯，不過它有個概念。下面先講修止的部分，所謂行、住、坐、臥的行就是走動的意思，住指站立，坐和臥以外的，還有其他的動作(比如手拿杯茶或書寫之類的動作)，另一種便是言語。這五種緣與行在用功上都有共通的地方，只要在其中的一個動作（如行）時，便做以下之觀想：「我今為何等事欲行？」此是學習在事發前對較微細之起心動念做觀照。我們現在所應用的方法，便是鍛鍊在動念時知道，在做時也知道自己在做什麼。這裡是事先的觀照，對惡的或無記性（不善不惡，處於愚癡狀態）的不去做，對不是煩惱所驅使的善法就去做。

通常，我們都缺乏這事前觀照的工夫，往往在事發過才檢討與反省，都於事無補了。然而，事發反省仍有它不可忽視的影響，至少我們再面對同樣趨向的心念與作為時，已能提起更進一步的警惕，盡量不再重犯。比如我今天很不客氣地罵了人，事後反省和慚愧，提醒自己不再重犯。如果又碰到有罵人的機緣時，我就會盡量控制自己不去罵，若因定力不夠又罵了，但傷害他人的程度已不比沒檢討前來得強和深了。

佛教在傳入中國後，便與當時思想或一般的民間信仰相結合，比如儒家的思想。當時的人就有以填「功過格」或觀察「投黑白豆」的多少，來衡量自己每天的善惡行，的確也有它的效果。平時我們做檢討工夫後，必須要能下定決心不再做，這樣的反省和檢討才有意義，個人的修養也才能不斷提昇。

深一層的，便是行中修止。除了知道「行應行，不應行不行」外，還要去觀「一切法了不可得」，不為做一件善事而覺了不起，也不應不做壞事而覺沒做壞事。再反照作為與引起作為的心念，均是緣起和合的，念頭配合外緣，才產生驅使我們去做或阻止我們去做的法。做與不做的本性是空的，妄念心自然息滅，這便是止。

修觀的更進一步，即「反觀行心，不見相貌，當知行者及行中一切法畢竟空寂」。這便是反觀引起動作的心沒有任何定相，要去動作的人，動作中的一切動作，也是空無自性的。這種修法，平時的心念要很純正，方能在短時間內生起直接而且敏銳的反應。

(二) 對境修止觀

這與「守護根門」有一些關係，但為更進一步。日常的守護根門是不讓六根隨六境轉，把所見、所聞、所嗅、所嚐、所受和所知的，當作「水中之月」，看出一切法的假合相。如《金剛經》所說：「一切有為法，如夢幻泡影，如露亦如電。」能做如是觀，對任何苦樂受就不起排斥、染著或陷入無記性的愚癡狀態。這多屬於修止。

觀則是「『隨有所見，即相空寂。所以者何？於彼根塵空明之中，各無所見，亦無分別；和合因緣，出生『眼識』，次生『意識』，即能分別種種諸色，因此則有一切煩惱善惡等法』。即當反觀念色之心，不見相貌，當知見者及一切法畢竟空寂。」這即是比止還要提昇的——分析根、塵、識的了不可得，所促成的因緣，仍需要適當的空間與光明的配合，眼識也還必須依於第六、七、八識才能產生分別作用。所以，「唯識學」

會把「心所法」及外境做層層的分析，就是要提示我們，任何一種作用的發生，絕不是單一因素的，而是眾多條件的湊合，無始無終演變下去的。每一種作用和作用本身，都是相依相待的。

在說眼根時，它只是一種概念而已，要明白它為何能發生作用，就不得不談到眼睛的構造、神經系統之組織、外塵的存在與刺激、光線之配合等種種因素。當某種條件缺少了，其作用的效果也跟著減小；某種重要的條件缺乏了，它就可能完全失去作用。

佛法的「析空觀」，即肯定一切存在的實相，否定一切存在的主體，從無常、無我之中去發現與體會的。大乘佛教在龍樹菩薩以後，就講空觀，是從原始佛教無常、無我的觀念，再深入去分析和推演的。無常是一切事物的流動相，無我是一切事物存在的實際情形，總括了兩者，便是否定它常存的能力和獨存的因素或作用。這好比剝香蕉樹一樣，剝到最中心的地方，便發現到它原來什麼也沒有，是空的。

在日常生活中能修止和起觀，便會有刻意取捨之心，因此這依然不算是開悟的境界，仍屬局限的慧。一個真正開悟的人，他是不需要刻意去做觀照工夫的，因為，在隨順法性的當下，他已經是在時時覺照了。所以，古代許多開悟的禪師，能「任運自然」，活潑而且絕對地去生活。他們不會刻意去表現生活細節上的行持或威儀，卻已處處流露出法的本性、戒行的根本。

一般人在守戒時，往往表現出行、住、坐、臥的種種規矩，甚至因太過刻意而導致刻板與枯燥。禪師們的生活態度卻是活潑的，智慧的安住也是如如不動，活潑而且絕對行為與念頭完全一致。在做與不做之間，都不需要刻意去觀照，其反應卻是通過智慧而直覺、敏銳、自信和絕對的。

修行時，也有許多人因為沒有把握到佛法的根本，以為「任運自然」就是什麼都可以做，只要是順自己意思的便是了，結果弄巧反拙，把自己累得慘兮兮的。

這裡講講野狐禪的典故，即是假禪師的故事。有人問：「修行人，落不落因果？」那人答：「不落因果。」結果五百世做野狐。後來他聽百丈禪師說法，問百丈禪師：「修行人，落不落因果？」百丈禪師說：「修行人，不昧因果。」那人因而開悟。第二天時，百丈禪師說要到山上去給一位出家人念經，結果在狐狸洞裡挖出一隻死狐狸，原來野狐轉生去了。

因此，真正開悟的人，知道有因果，卻不受因果的束縛。就像一個明亮的鏡子，一切善惡美醜都照，反映出他們的真相。當這些因緣都離開鏡面時，它依然是明亮的，不會留下任何影子的痕跡，明亮的作用從來沒有增加或減少過。另一種智慧的比喻，即是在同一時刻裡，對一粒球作立體的透視而了然一切。

我們在日常生活中，事相與理性是有不同的層次，但都應盡量從這兩方面去融會貫通。以正見為導，佛學的理論為基礎，才不致呆板得枯燥、活潑得愚癡，並能應用智慧去接引更多的眾生。

善根發第七

一、兩種善根發相

用功的階段中，身心都可能起一些反應，以配合修行的工夫。這本是種正常的現象，但如何辨別它的邪正卻是重要的，這樣修行才能邁向正道。《小止觀》在這個部分講得少，《釋禪波羅蜜》卻分析得詳細。它先講惡根發相，又提供了種種對治的方法。

工夫用得力時，善根便會顯發。善根發時，通常會有兩種現象，即外善根與內善根發相。

（一）外善根發相

它是可以表現於外的。平常止觀修得好的人，戒行自能因禪定而清淨，屬於善法。外善根發相時，就會持戒、布施、孝順父母、尊敬長輩、供養三寶、常聽聞佛法，但這些外事仍不屬正修的部分，而且容易與外道相濫。

比如一貫道也講孝敬父母、尊敬師長道親，甚至認為不持素就是不修行，還重「不執相」布施。但是，這往往容易導致偏差，在做財布施時，以為不聞不問或做個無名氏便是不著相了。其實這種不過問所施是否用得其所的做法，反而製造了一個很可能讓他人貪污的機會。佛教也講布施無相，而且是理性布施——即布施後不計所得的功德，卻重視所施的是否用到正當的途徑去，留下事相上的名字也是為了不讓他人有造惡法的機會。所以在行布施時，必須瞭解它的目標和意義。

（二）內善根發相

這在前面的五門禪法裡講得不清晰，而這裡也把「界分別觀」轉成「念佛觀」。用觀時所生的反應，平常較易覺察出來的，是數息觀、不淨觀和慈心觀。一般人極少用因緣觀，因為它需要有佛學的理論基礎，而且要在心較細時才能用得上去的，也才能一層層去深入體會與突破。

1.息道善根發相

用數息法時，身心會逐步調適，妄念止息後心漸細。住於這種未到地定時，力量並不很強，但若常住於此，便有不見身心的感覺，僅有個微細的念頭，從此才會生觸，作為定前的反應。

一般人在未入「欲界定」前，有時也會發八觸，但不是真正的觸。真正的觸是住於

「欲界定」才顯發的。發觸的作用主要是讓我們的色身與定境相應。當我們心已細，要從欲界定提昇到初禪時，根身便會起變化。內部會產生細分的作用，讓色身進入更微細的狀態，細心才能依此色身住於定中，然後再提昇到色界定。我們所得的人身，是種引業，故不可能在一世中完全改變，多數僅是內部在起變化。當住於此定中，在去世後又沒有提昇或做觀想的話，它便可依於此定，住於沒有固定地方的色界天，那時的色身就更細。

通常較明顯的觸是動，它可有外在粗顯的動或內部細分的動。所以在出定時要做按摩運動，便是要讓內在的細分散掉。如果出定後就立刻跑動，過後就會感到頭痛、心情煩躁，無法再繼續用功了。這是因為外在的動作很粗，內部的動作很細，內外不得調適。所以，動與靜必須並重兼顧。

打坐時，對身心的種種現象或反應的過程，要有一定的認識，事發時才懂得如何去處理及應對它。然而，讓行者事先知道這些反應，有時也會讓人起執著，混淆了真假相，這是教導者常有的矛盾。

一般的動，是感覺有股氣在動，有些人感覺像電流在動，有的甚至會起來打拳。這些都是內部的細分被引發後在起作用之故。有時身分要再細，便會有再動的現象，也可能是因為工夫已停留了一段時間，身心再進入調柔的過程。

一般，體質虛弱、有潛伏性毛病或曾經受過傷的人，動觸經常會較厲害，這是細心在未能往下前先治療好多病之色身的緣故，過後身心便會很健康。有一本《因是子靜坐法》（蔣維喬著），談到很多有關動的現象，因為他本身的體質很差，毛病也很多。

有些人的動，只是內部在動，從開始便安靜地住於定中，沒有笑或哭的反應。即使有也是很微細的作用，很快便過去了。由此，必須瞭解到每個人的觸都是不一樣的，不要以他人的狀況來衡量自己而產生許多不正確的心態。修行是個人身心的調養與提昇，不要抱好勝或比賽的心而來。

除了動，有時很粗澀，有時滑，有時會癢，必須要耐得住，有時則會冷或熱。在智者大師的《禪門口訣》裡，教導我們在冷時觀熱氣走遍全身，熱時則相反地對治。如果感覺身體很輕，就觀它往下沉；若身體很重，便讓注意力往上提。假如是正確的，可以讓它發展一下，而且要非常清楚它的發生，接著慢慢用意志力調整它。動時若僅是身體的某個部分在動，這便是比較單純的動作，這個部位也可能曾經受過傷，細分在對它做治療。

真正的觸，是很完整的，從身體中央的部分，腰部開始發起且往上下蔓延，然後遍布全身。這個動作在發生時，身體便處於調柔的過程，後面還會牽涉到如何分析它的邪正。我們在此講觸，因為這些觸是較主要的。

另一種在我們從數息到隨息時，便可感覺呼吸的長短。如今有南傳佛教的出家人在教這種覺息的方法，稱為十六種特勝，共分十六個層次。有時覺得吸進的氣很長，呼出的氣很短，或吸進的很短，呼出的很長，這正表示工夫已用上去了，有善根顯發的相；有時感覺氣息遍布全身，或時感覺毛細孔張開，氣息就顯得更微細；有時氣進去後可見身體內部的一些現象，這些便是三十六物——即身體內的三十六種部位與器官的現象。《小止觀》對此均沒有詳談，《釋禪波羅蜜》卻對種種特勝做了分析。我們用數息法的，在見到這些相時，千萬不要恐慌。知道了，讓它發展一兩次，然後調治它。

2.不淨觀善根發相

應用不淨觀，住於定時也可以看到種種相，所觀想的對象一般皆以屍體為主。這是發心修出世間法，引發出離心的人所應用的，通常不適宜在家人修。修時更以和自己關係最密切，對他（她）有很深愛染的人為對象，見死後的身體脹爛、被蟲蛀食、出膿出血、見白骨狼藉等九種觀想，然後再觀受不淨、觀心不淨、觀法不淨。有了此定心後，進一步就見世間的一切皆不淨，此時便能體會四念處不淨觀的總相觀。

因見一切不淨，就不起任何身心的執著，對男女相更不生顛倒邪見。如果這種觀想能與初禪、二禪、三禪和四禪相應，即能進入八背捨的工夫，入出世間禪的境界或智慧，《釋禪波羅蜜》對此有分類與稱名。

3. 慈心觀善根發相

修慈悲觀時，從最親、次親、遠親、所不認識的人乃至最怨恨的人，觀他們都得到快樂，自己亦隨喜和快樂。見他們受苦時，生起想拔苦的悲心，深一步的慈念十方或六道的一切眾生均獲得快樂。修慈心觀的人，內心時刻充滿喜悅、容顏慈和。與他接觸時，往往能受他的慈祥親切所感染，許多人都喜歡接近他。

修這種觀成就的人，即使到深山僻野去修定，猛獸毒蟲都不會傷害他，古代就有許多入山修行的高僧們，以慈心感化一切瞋心很重的動物。眾生之所以會攻擊或傷害我們，皆是因為我們的瞋恚心與他們相應之故，佛陀即是個修慈悲觀成就的人，感化了許多森林裡的猛獸。佛經裡記載，說提婆達多放醉象陷害佛陀，結果當狠野的醉象來到佛陀的面前時，反而乖順地跪下頂禮佛陀，這即是慈心的力量。平時要能讓自己的眼光放大放遠，減輕自我意識，修行的過程方能進步得順利。

南傳佛教的慈悲觀（Meta Bhavana），以背誦偈頌的方法來培養慈悲心，但這仍屬於散觀。平常在靜坐時，也可以背誦一些有意義的句子或觀想佛法的深義，並多想他人的長處，常希望他人得快樂，以隨喜心來助長自己的慈心。

4. 因緣觀善根發相

這裡講的還不是出世間的因緣觀。雖然能見三世無明、十二因緣的真相，但「定」

的成分較高，慧的力量不強。若肯依據緣起的理論再深入去觀想和細心體會，慧解就能愈發愈深。在證果的部分將涉及觀因緣時所能獲得「空、假、中」的智慧，即天台宗的「一心三觀」。

5. 念佛善根發相

念佛時憶念諸佛的功德、相好、十力、四無畏、十八不共法、各種三昧、各種解脫。有些人觀想時見佛相或光明，便會心生恭敬。這裡所講的無論是任何一種善根發相，都將是身心快樂、清淨安穩、無諸惡相，是善根發的基本覺受。種種好相好受，易使修者染執於它、無法繼續用功，因此，辨別其邪正是極必要的。

二、辨邪、真禪發相

在此有分析一些，《釋禪波羅蜜》把它做十種相對的觸題去辨別其偽真。發八觸時，要辨別是增還是減、是定還是亂、是空還是有、是明還是暗、是憂還是喜、是苦還是樂、是善還是惡、是愚癡還是智慧、是約束還是解脫、是強還是弱。若是邪相，發時身體會騷動，或時感身重如物鎮壓、或身輕欲飛、或時如受縛、或時昏暗現懈怠相、或時壯熱、尖冷、起惡念見惡相、恐慌、散亂、躁悶、坐立不安、憂愁悲思、迷糊不清等狀態。

善的反應，則是空明清淨、寬闊的一片、內心喜悅、淡然快樂，沒有覆蓋的感覺。信念增長，對三寶、師長、同行更恭敬。智鑒分明、身心柔軟、微妙虛寂、厭離世間、無為無欲、出入自在。這些善根初發時，一般人都未能清晰，可請教師長或有經驗的人。在發動觸時，仍未能分辨它之邪正，亦可以三種方法去印證它：

⑴不取不捨：當更深入「定心」時，對所發的境不取不捨，但平心靜定住。假如是善根發，定力愈深、善根愈顯發；是邪境的話，自然壞滅，然後繼續用功。

⑵加強原來的方法：如果身體動了，把數息的方法加強，動將發得更微細、明淨、歡悅，這便是相應的。如果稍加用功後散掉，便是邪外的。有些人在觀想阿彌陀佛時出現的是觀世音菩薩，便是不相應的。當所念的境湧現時，應用心力加強觀想，所現之相顯得更光明，即是相應的定。接著再觀察它的發展，對一切應不取不捨，繼續提昇。坐時若浮現種種不淨，同樣地去加強不淨的方法，不淨若顯得更清晰便是相應的，出離心亦顯發，失掉的則是假相。

⑶用智慧去觀：此屬於較根本的方法。觀一切所發之相，從何而來？不見生處，深知空寂。如此推究它的因緣，便不住於任何境界，邪境自然消失，正相也不染著，繼續提昇它。

平常人多用回原本的方法去辨邪正，見光相或聽到平時聽不到的聲音時，加強所用的方法並見其發展，更顯現者是好境，消散者是邪境。讓心繼續住於深定，工夫依然上路。

三、明用止觀長養諸善根

最後，還要以止觀來長養諸善根，止或觀則隨宜修者，或用應驗的方法。善根發時，知道它，加深及提昇它，不要讓它停留或走向偏邪。

覺知魔事第八

修禪時，對身心的反應，必須分辨清楚外，還有一些境界是能阻礙我們的進步的，那便是魔事。主要為干擾我們用功的心念，共有四種：⑴煩惱魔，⑵陰入界魔，⑶死魔，⑷鬼神魔，前三種是我們個別身心的反應或過程，第四種屬能干擾的外在力量，這裡會特別提及。

一、煩惱魔

修行的最大障礙，不外於我們生死流轉的根本——煩惱。因煩惱故造業，必然就受報，形成惑、業、苦的輪迴。一般人是很少能覺察到煩惱之存在的（缺乏動態的觀照），不覺它是隨著我們的心念起伏，僅注意到業的現象（靜態的覺察）。所以，才常有人自稱自己為業障鬼。

其實，業成不成為障，得看我們是否有智慧。除了知道果報的來源，也要能用智慧去觀一切法的本性空寂，心念超然後，自然就不受業所約束了。我們有此色身，就肯定要受報，在沒辦法克服業的受報時，至少在觀念上要不受它所牽使。

當逆境來時要能把它轉成逆增上緣，順境來時又能觀出它能令我們墮落的力量。福報太好的人，往往忘記修行或不容易精進，因此，對業的處理皆看我們的心念及態度是否正確。這裡所謂的障礙，是指不能依於我們所受的種種果報而做其他的修行。達摩祖師曾說：「我們知道我們的惡業時，必須要有勇於承擔的態度。在承擔的同時要提昇自己，始終不讓向善、向上的心失去。」

在舒適順利時，若不見福報也是無常，還得繼續培養的話，逆緣、逆境依然會再來，然而苦到極深極切亦還是會過去的。善惡緣無常，善惡業也無常，從修行上去步步高昇，業才不會成為障礙或魔事。有個禪師，好幾次都病得快死去，全身皆發爛了，他還是精進不懈捉緊話頭猛參，結果總算給他撐過去而開悟了，這即是在受最惡劣之環境時仍不受業所影響的例子。「病中方知身是苦」，把病中的大苦轉成助道的因緣。

為了要瞭解與對治我們的根本煩惱，用功前就應先訶五欲、棄五蓋，以減輕煩惱的力量，接著以用功的方法和心念的力量去克服它的影響。

二、陰入界魔

陰入界是五陰（五蘊）、十二處和十八界，即包括了「色法」與「心法」的生命體。它干擾和阻礙我們用功的力量，凡有色身存在的便不得自在。甚至得色界、無色界微細的色身，也還是不自在的。修行時，要看出這些不足的地方，堅持正念不失，便不受業的束縛和影響。

三、死魔

有色身就不得不死，認清它的真面目，便不怕死，把死再推廣，便涵蓋了病與老的現象。生病或年紀大了，修行的障礙會更大，然只要看清了它的現象，身心解脫時，生死便不再是個大問題。

有位禪師說：「刀砍過頭時如斬春風。」這便是對生死看得很透徹的話。從前有位頗孤傲的禪師，在開悟後就離開了他的師父，也不做度化的工作，只是坐在船上漂浮，並交代在外遊化的師兄弟幫他注意利根的弟子。師兄弟果然介紹來一位很有善根的弟子，師徒在談話之間，禪師亦給了弟子「心法」的印證，然後命弟子離開。弟子在臨走前還回過頭來看禪師，卻挨他的一罵。等弟子走遠了，禪師把自己的船弄沉，灑脫地去了，因為他的衣缽已傳，生命對他已不再重要。

我們雖然無法如此地灑脫，然至少應以死來警惕自己用功。現時不修行，死後更茫然得不知要到哪裡去。印光大師寫了個大大的「死」字放在床頭前，為警惕自己無常的逼切，鞭策自己精進。在一般人的眼光裡，這或許是較消極的方法，然而卻有他的用心。

四、鬼神魔

鬼神魔有三種，《釋禪波羅蜜》則說十二個時辰都會有妖獸來干擾我們修行，每個時辰再分成三段，共三十六個。另一種是堆剔鬼，會弄弄人的臉、擊櫪人的兩腋，或作抱持等種種戲惱。這是破戒的人死後墮到餓鬼道去的，所以修行時，若受他干擾，罵他是破戒鬼，便不受干擾了。所以，受戒守戒除了在行持上能保護我們外，在宗教的意義上，亦能加強行持的力量。比如念佛、念法、念僧、念戒、念施、念天，把五戒守好，在受干擾時把戒條念出來，鬼自會因慚愧、怖畏而遠去。

比較麻煩的是魔惱，可有三種情形：

⑴作違情的事：現一些恐嚇的相或聲音、很強的惡臭、弄些很艱辛的觸，引起修禪者的恐慌。這些魔事我們比較容易對它們提起警惕。

⑵順情的事：順我們的心念或意思的，多半是好相、好聲或好觸，引起修禪者對它起貪染，掉失明覺心。順情的五塵，往往讓人停留不進步。

⑶有時是非順非違的，中性或無記性的，稍帶昏暗的愚癡狀態，使人懈怠。我們可念佛或做光明想對治它。

見佛或菩薩的相時，不要以為是好境，必須用方法印證它的偽真。因為，我們平時若見父母或端正的男女相，必知是幻覺、幻相，進而提高一分的謹慎。但見佛或菩薩時，就極容易受它所惑，成為他們所指使的工具。有的受了鬼魔所惑，甚至打著佛教的招牌四處去行邪道、破壞正法。

能現佛身的，唯有「他化自在天」及欲界天的魔王，因為他曾修過大福報，故有佛的三十二種相好。然而，他所現的佛身還不很清晰。佛陀在菩提樹下成道時，便是他運用神通力做種種干擾與誘惑的。轉輪聖王也有三十二種相好，但卻沒有佛的智慧。

其實，真正干擾我們修行的，不外是我們自己內心的幻覺、幻境，以及平時的思慮或潛意識裡的印象——這些可以是順或逆的。修行時，凡能把握好正確的觀念和態度，不起惡念、邪念，鬼神便無法干擾。因為我們純正的心念與他們是不相應的，搗蛋鬼也自覺沒趣。假若境界真的出現，順的、逆的或平等境（無記性的），均應保持正念不失。不惱不懼，不為所動，禪定自然不失。

對治魔境有兩種方法：⑴止的方法，⑵觀的方法。見到任何內外在的魔境，當知一切皆是虛誑不實的，故不憂不怖、不惜軀命、正念不動。深一步的，則再見魔界與佛界是一而非二，佛與魔盡是因緣所生，並無需刻意去分清它們之間的界線。魔能現佛身，魔如果向上亦能成佛，實際上是一如非二如的。

平時就要多聞熏習善法，依正念起憶持的工夫，加深上進的心力。也可以背誦一些佛教的名詞和偈頌。如《金剛經》：「凡所有相，皆是虛妄，若見諸相非相，則見如來。」或：「一切有為法，如夢幻泡影，如露亦如電，應作如是觀。」在任何境界湧現時，先生起這些正知見，再去分析它的虛幻，則不生恐懼或取捨之心。有時亦可背誦《心經》或一些咒語，在需要時安定自己及做為觀想的對象，也可念無常和無我，作觀相時即與正法相應，心便不隨境轉、身也不隨心動。惡相謝滅了無需生歡喜心，即使不謝也無所干擾。

太虛大師的開悟境界，都與經典有關係。他有一晚在看《大般若經》時入定，第二天早上才出定，對時間的感受僅是一剎那而已。當他再閱讀經典時，又進一步體驗了佛學的深義。又有一次，他入定後出定看《楞嚴經》時，把整部《楞嚴經》的脈絡掌握得清清楚楚，在講解時完全流露出他內心的體悟。能兼有智慧的定，障礙和邪念便不易生起。《大智度論》說：「除了諸法實相，其他一切都是魔事。」便是更深一層的見真理與見法性了。

用功時，我們怕魔來干擾我們，其實，有時我們也會成為他人的魔。不肯用功、取巧、偷懶、起煩惱、好表現、不守規距等是魔，使我們成為干擾道場的魔。

在同修時，大家所應用的方法，投入的心念大致上都是一樣的，才會產生共修的氣氛與力量。所以，當一個人分散不肯用功時，就會干擾到其他的人修行，成為他人的惡緣或魔境，這是有很大過惡的。要瞭解到，修行時每個人的根機、程度和所付出的時間有異，絕不能以某個人的狀況或經驗做為衡量一切人的尺度。縱使自己的心力提不起來也沒關係，只要盡力去用功，不擾亂他人的用功，並共同勉勵，自他負責的力量才能提起來。能平平穩穩地打完一個七，已經是很好的了。

治病第九

《摩訶止觀》在此部分講得很仔細，《釋禪波羅蜜》和《小止觀》就講得大同小異，只稍多了一兩種，用氣息治病的，則談得細一點。實際上，要講這個部分還是不容易，主要我們都很少用到。

修禪的工夫用得好，本來就有治療的作用，如果用得不好，也可能會產生禪病。身體原本有病的人，亦可應用它的方法去治病。學禪的人，偶爾也可學習一些外道法來治病。

我們在靜七時做的瑜伽運動，本不是佛教的。它是印度教的一種健康運動，而且是宗教上的行持，帶有神祕主義的成分。其實際的基本精神仍在於禪定的修行，打坐的姿勢稱蓮花坐，瑜伽運動僅被他們視為輔導作用而已。瑜伽派在印度一切宗教中，除了佛教之外，是外道禪定的集大成者，有一套修行的規則和層次。

印度本土的密宗，自認已有五六千年的歷史。除了瑜伽運動外，還講輪（佛教稱Cakra），即從氣海的部分下去再一個個上至頂輪，當氣息練到頂輪的地方時，表示人的自性已從煩惱之繫縛中脫離出來而回皈到神我去（與大梵合一），這等於覺悟的意思。

我們現在並不用他的理論，僅用它的運動來輔助健康。它的運動做久後，身體會相當地柔軟。中國人在修道上就有練氣功和拳術之類的方法，適合打坐應用的是太極拳或內家拳，其步驟緩慢且配合注意力（動中求靜），在修身養性方面有它值得參考之處。

一、明病發相

「身安則道隆」，先有健康的身心，對修行的過程便會有更大的方便，不需花太多時間在治病上。然而，也有在打坐時才出現的毛病，即所謂的禪病。有四大增損的病相、五臟生患的病相和《釋禪波羅蜜》裡所講五根的毛病。

我們的身體是四大和合而成的，一大有一百零一病，四大便有四百零四病。導致生病的主因在於四大不調——地（固體）、水（液體）、火（溫度）、風（呼吸）。

五臟便是心臟、肺臟、肝臟、脾臟和腎臟。若是從心臟發起的病，身體會寒熱、頭痛及口燥等；身體脹滿，四肢煩疼，心悶、鼻塞等，便是與肺部有關係；多憂愁不樂，悲思瞋恚、頭痛、眼闇及昏悶等即是肝臟的病；身體面上遊風，遍身癠癢、疼痛、飲食失味等，則是脾臟的病；從腎臟發起的病，即咽喉噎塞、腹脹、耳聾等。五臟與身體息息相關，病相眾多。

五根的病本包括在四大與五臟內，起因極多，然都歸於三大主因：⑴四大五臟增損得病；⑵鬼神所作得病，屬外在的干擾；⑶業報病，即從小到大或先天的病相。

二、明治病方法

治病之法便是禪修的方法（印度的醫學），不出止觀二種方便。止的方法是把精神集中在生病之部位。心被認為是果報之王，它所到的地方便有治療的作用。另一種是守丹田之法，引動內部的細分或氣做自我治療。所以，病人需要養息，主要是讓身心獲得調劑，藥物僅是次要或起輔導作用，也有人以氣功的方法替他人治病。

還有一種是將心安止在足下，亦是一種集中心力的治療作用。經常步行的人會很少生病，甚至赤腳步行更好——腳底將獲得適當的按摩，保持氣血順暢及腿部的活力。

進一步則是起觀想的方法，觀諸法無所有，不取病相，寂然止住，多有所治。這些多屬於中醫方面的理論，智者大師本身可能也有中醫方面的知識。

比如用六種氣治病，這是與吐氣時的口形有關係之治療法，並不容易應用。吹治寒冷、呼治炎熱、嘻去痛與治風寒、呵治煩躁及下氣、噓治散痰及稍滿，呬能補勞。

還有一種是十二種息，亦屬於抽象的觀想。現代人如果沒找到以這些氣息作為治療更詳細的資料，事實上都難以應用的。在智者大師那個時代的人，應該原本就懂得如何應用這些方法。上息能治沉重，觀想它提起來；下息對治虛懸或輕浮，觀氣沉下。滿息治枯瘠，焦息治腫脹，增長息治身體衰弱或羸損，滅壞息治增勝，煖息治冷，冷息治熱，衝息治壅塞不通，持息治戰動或躁動，和息通治四大不和，補息資補四大衰。

在《雜阿含經》裡有一部別譯的〈治阿練若亂心病七十二種法〉，有教導治病的方法。現代人的根基較鈍，做觀想多不易成就，但有一些還是可以應用的，其餘較普遍的病可以現代醫藥去治療。

實際上，修禪的方法用得好，身體內部的細分自有治病的功效。但這裡告訴我們，依於它的方法去治療會稍快或方便些。

除了以上所列的佛教醫學治療法外，也有人以瑜伽術的斷食治病，尤其對治胃病及奇難雜症之類的病，現在的日本就常有人應用此法。斷食期間，只喝清水（最好是泉水，偶爾也喝鹹水），主要為沖洗身體內部的髒物。修瑜伽術的人，往往一個月至少斷食一兩天，較勤的就一星期一天，這樣對健康有很好的助益。

不吃太多亦是種養生之道，佛教的持素或過午不食，除了有宗教上的意義外，也存有衛生的用意。在不進食時只多喝水，讓消化器官獲得休息與調洗。平時的飲食不應過分，有人說吃得十分飽，兩分是養醫生的。華人的吃法，甚至是十二分飽的，尤其在餐宴時更顯見，吃法花樣多，往往吃脹了肚皮也傷了健康。

瑜伽術也鼓勵人吃素，而且強調自然素食，即不炒、煎或炸的手法，只是清煮，甚至不加調味品、糖鹽等。以上的方法都不妨多參考，平時更不要養成暴飲暴食的習慣，吃得太脹，人也易懶散懈怠。多吃水果、蔬菜與喝水，都有助健康。

在應用治療的方法時，還須兼具十法或十種態度——即對所用的方法有充足的信心，實用和勤用，常住緣中，瞭解病情的起因。用時知於取捨：不適合自己的應放掉，適者就繼續持護。認識遮障，便是在用得力時不宣耀，不見效時也不誹謗。這些皆屬於對治悉檀，在時空上有它不同的適應。

現代醫學就有中西醫的治療，中醫的針灸原理，也是依於身體的經脈和穴道做治療。身體缺乏運動，機能易於老化及感染病痛，多運動是促進生理的機能，由緊張後的最好鬆弛，加強對營養的吸收。禪修的運動方法，即配合身體自然發生的柔軟規律集中心念。氣息和順，血脈運行活潑了，自然就是修習禪定與治病的方法。

受鬼神干擾的病，則可以持咒、念經、念佛或持戒去對治。平時心念要正，凡有正確知見的人，必明信因果與因緣法。雖遇鬼神魔的干擾，都不為之所惑、所迷，不落入邪惡的頑空與虛妄的幻有。被鬼神魔所干擾而生的病，可能導致精神上的病症，使人喪心病狂或殘殺生靈等。這種病相往往是無法以科學邏輯來說明，然而的確是存在的。許多人因不小心或因一時的貪念邪念，冒犯了山精鬼怪、依附在草木或石頭上的鬼神，乃至大自在天的魔王，於是便依附在病者的身心，進行他們的魔事魔業，甚至奪取病者的性命。許多時候，依於民間的信仰——通書或乩童之類的方法也可治好鬼神病的。

鬼神也屬於六道眾生之一，擁有某方面的神通力，是強過人類的。然而，人類本身所擁有的三種特勝（思考力或感情的總和），卻是鬼神道所缺少或沒有的：⑴人類有偉大的道德精神，能不計功利，克制自己，修習清淨行，在自利之餘又能利益群眾（梵行勝）。⑵人類有特別發達的思考能力和推理力，因此能憶念過去，保存歷史經驗及創造文明（憶念勝）。⑶人類能為了達成某個目的，而忍受艱苦，發奮圖強，精進勇猛地實踐，堅持不懈（勇猛勝）。此三者是從人的特性說，但若針對人的環境來說，還有另一特勝，即人間苦樂參半，知苦能生厭離心，思慮參究，才能體悟真理和實現自由道場。若對這些特勝取得充分的瞭解，加以發揮的話，會有了不起的作用。

我們可以發現，那些以乩童為業或容易讓鬼神附身的人，往往是缺乏意志力和自信心不強的，所以才會介於陰陽兩界間。修持佛法的人，倘若有一絲貪求心或厭惡心，心有所緣所念，便能引來鬼神的趁勢而入，發動魚目混珠的力量，使人感覺自己已成佛或得神通力。所以，修禪人應「貴見地，不貴踐履」，有了真知灼見，就不將魔事當佛事。而且，正見必定是從實際修行之體驗中來的。

因業報得病的人，多在做修持工夫後減輕或治好，也有不能治的。比如在參加地藏懺，精進佛七或念佛後，病情便會有起色，不然就是提早結束這一世的因緣，換個健康身體來。煮雲老和尚即在一次精進佛七的拜佛後，治好了自己背部的病痛。

這些便是通過修行或宗教的方法治病的效果，有時亦可通過三世因果的眼光去看業報病，所謂「欲知前世因，但看今世果」，當然並不是以某因必生某果的單線分析，直線因果說僅是為了提醒世人要明瞭因果的必然循環，因與果之間的關係絕不是直線或絕對的，其他方面的因素仍要受考慮。

最重要的，還是盡今世的努力去向上向善，多行布施並注意個人的身心衛生，必能減少患病的機會。

證果第十

兩屆的靜七都沒講過這部分，主要是因為它不容易講。《小止觀》依據天台宗的三種智慧──一心三智，實際上是從《中觀論》其中的一個句子演變而成此三諦或三觀的。它與三種智慧相應，亦和三種止相配合。這是天台宗針對修證方面的體會或瞭解，針對修行的過程而講，對修者是有很大助益的。

修禪時所謂的見性，即對佛性或法性的體會、契入的情況，文字上的「見性」與「證性」，便是兩個不同層次的境界。修行時，有頗好的覺受出現時，一般見性的成分較大，證性的成分較小。整個禪宗史發展迄今，修禪者多數在第一次時是見性，見到自己本性裡的佛性。若以「真常唯心」或禪宗之系統來講，佛性是人人本具的，只是暫時被重重的無明所覆蓋，如今又重見而已。而證性則是已把重重的煩惱推開，掌握或得到（其實也不算得到，因為它從來就沒有失去過）佛性的證入。

在見性後，若沒有好好地保養它，仍會被覆蓋回去的。好比破開雲霧見天日，可是烏雲太濃厚，又重被覆蓋了，不過信心會更堅定。有些人見性的時間較長，烏雲較少；有的人雖還有雲霧，但太陽的光已透過來；有的連雲霧都不見了，只是明朗、遼闊的一片天空。

聖嚴法師把見性的境界比喻成好像走在一條很黑暗的漫長路上，沒有月光和星星，路上有許多景色、陷阱和種種障礙，使我們撞得焦頭爛額，不知哪裡才是正確的方向。即使知道了方向也仍會碰到許多東西。如今有機會在閃電時的一剎那見到了目標方向，如果自己本身又沒有繼續加深的話，還是會迷失方向的。必須讓自己見了再見，目標才能堅定不移，這便是假借外境來形容見性之過程的方法。

所以，古代許多見性後的禪師，為了保養聖胎，往往入深山或跟隨他的師父幾十年，從中再繼續提昇。通過見性後又一層的突破，等斷煩惱、證智慧時就不再退轉，然後才出來遊化人間。

依於菩薩果位去修的，便分成五十二個果位或階段；十信、十住、十行、十迴向、十地、等覺、妙覺。一個人在真正用功、破本參（用功時所參的話頭）後，便是透過十信位而進入初住，此時尚在凡夫地，力量並不很深，但總算是跨前了一步，並感覺與他人有別了。

一般人仍極少有如此的境地，見性也僅是剎那、淺薄地沾到個邊，霧裡看花，還是會退失的。十信位以後的，信心將不退轉，若以地上菩薩的境界來分析的話，則對法性能看得更清晰些，我們在凡夫位多少還帶推測的成分。在見性時，通常會透過兩個途徑：

⑴從否定上去見一切法的平等性：自覺一切已空寂，無需再去找什麼了。如果此人是較理性的，極容易便停留於空寂的階段，落入沉空滯寂的冷禪。倘若再加深所證的空相，便能自了生死，這是偏向於個人之分析，理性的結果。如果此人是較感性的，就很可能變得很浪漫或熱情，喜歡隨順自己的個性自然去生活，因為覺得做什麼都已與法性相應了，便容易安住於狂禪。若還能繼續保住與提昇，發起悲心時便能走向菩薩道去。

這些即是從否定上把自己的境界提昇至平等性，去看世間的情形及可能出現的偏差。有的會走向自我了脫，有的則會依於自己的個性去行所欲行，接近莊子那種瀟脫自在的風範。

⑵從肯定中去見性：這類人會要找出疑情的答案而且能找到，他會從平等性中肯定一切眾生的佛性，也比較直覺，容易發菩提心、起悲心。因見在事相上仍有眾生在受苦，有千差萬別的相，假若懂得不斷提昇，依於悲心去行菩薩道時，就會很契入。

如果是停留的，便經常感到心有餘而力不足的累，是不會有很大作為的。也有人會因為這剎那、片段、未曾有過的禪悅與信心，一直停留於此見性的過程。因為有取而生傲慢心，當力量逐步退失時，即會感慌張，甚至為了保持自己曾經見性的形象而產生種種的裝作。

應認清見性只是用功過程中的一種現象，知道這個經驗仍沒有受保住的力量，對三寶、自己的信心堅定後，還得加緊用功。再以這種心境或態度去研修佛法的人，就容易從內心去體會佛法。

有過見性機會的人總比沒有的人好一些，然而，若態度或觀念上掌握得不正確，依然會走向偏邪，甚至導致更偏差。因為見而未證，尚不足於斷根本煩惱，所以，這裡的中心仍是在個人的充實、加強自覺的力量上。

我們現在的課程裡，修行的時間均很短促，不像中國禪堂的七，往往是七七或十七的修行時間，除了吃睡方便外，其餘的時間都在用功。禪堂裡正的坐香，是一支香兩小時的，而且禪堂的規矩、要求和考驗都是非常嚴格及逼迫的，受不了的人往往會想盡辦法溜走，這樣嚴格才能培養與訓練出素質深厚的禪眾。當今的日本佛教，仍有保存唐宋時代的禪堂風範。現代人在修行上常常沒有多大的成就，主要在於觀念和態度上，比起古人來我們實在是差得太遠了。

修行的過程，個性當然並不是最主要的決定因素，但卻有側重的傾向。理性的人會偏向於「止觀」的部分，重分析與程序，用功的態度穩紮穩打，時間亦長些，容易建立起自己的一套理論系統（學術本是件比較長遠的工作）。

感性的人便側重於「直覺」或觀照式的禪法。實際上，禪本來就較偏重於文學和藝術，藝術及文學創作，往往可以不要有任何理由，直接去感覺與表達。當這些人契入後若又沒有往理論去加強的話，經常都不會建立起一套完整的思想體系，僅是應機施教的度化。這種直覺的態度和老莊思想有相結合的地方，亦屬於慧解脫大乘佛教之風格。

然而，禪宗裡也有人認為有必要把程序建立起來，把它分為三關，即初關、重關及牢關，這屬較含糊的概念。有的就以十牛圖把修禪者大致上的心路歷程反映出來，從找牛到見牛之腳、尾巴、屁股，再到捉牛、牧牛，說明修者雖已親證自性的全體，但由於其煩惱的習氣與環境的誘惑與影響，除非更加精進鞭策，不然很可能再次回復未悟之前的狀況。等牧牛肯聽話讓修者騎回家時，煩惱便全被調伏，不再受污染。回去後再加深的話，即進入人牛兩忘、那返本還源的空相，自然地去應化眾生。

事實上，開悟的層次是因人而異的，未必一定有個標準的次第。有人一悟再悟，悟上數十次，乃至不知其數，有人只是一再地重溫悟境。一般人初悟都不深，但有些根機深厚的人，初悟就可能悟得相當深。禪師們往往大悟幾十次，小悟也幾十次，根本不易有一定的分析。分析也是為接引眾生才有的，但若分析得過多，禪的方法就會慢慢僵化，不夠直覺或感性了。

依止觀去證果的，實際上便是證智慧，而有不同層次的。《小止觀》依聖位或出世間法把它分析成三種觀，即聲聞的智慧——空觀、菩薩的智慧——假觀、佛的智慧——

中觀。

其實，在龍樹菩薩的意思裡，中觀的「因緣所生法，我說即是空。亦為是假名。亦是中道義」，這個偈頌雖是在講「空、假、中」三觀本是一，但主要在空觀。止觀卻把它分成三個，並不完全符合龍樹菩薩的論意。然而，中國佛教在接受印度佛教時，便有依於自己的意思去理解和解釋的情形出現，當然亦沒有乖離經典內的深義，只是有自己的一套方法而已。

智者大師建立這三觀來說明修學佛法在見與證上的不同層次，層次雖不一，但了知一切法本性空寂，皆是因緣虛假的，故諸法實相不可得。在止方面屬於「體真止」，住於空相而止息一切妄念與煩惱，是從否定上的，即不見佛果可求，也不見眾生可度。從假入空觀，證法性平等的智慧，得慧眼（一切智）。若僅停留於理性，便很容易墮入聲聞與辟支佛的小乘果位，因為一切已平等，無需再作上求下化的工作了。

從此理性的一面再去看事相上的差別相，便再從空入假觀。知道還需往事相去用功，仍有眾生要度、生起悲心與菩提心，走上菩薩道去，這與眾生原本停留在事相的狀況是完全不同的。平常人只覺差別相，不見本性空，故輪迴生死。從空入假觀的止便屬「方便隨緣止」，以各種方便善巧隨順因緣去止息煩惱，在度化眾生時，卻不隨任何一種相轉移，證如如不動的道種智——種種差別相的智慧。

住於一切智時，只處於見平等性的慧眼狀態，這種聲聞的智慧，定多慧少，是理智型的人多會朝往的路線，他們比較喜歡從哲學系統去體會佛法。住於道種智的，即見平等性中還有的差別相，是感性人易邁向的路線，定淺慧深，較喜歡通過直覺或思想上去體會佛法。

聲聞地慧力淺，不能見佛性，這是以大乘佛教之眼光去看的，稍有貶低的成分，表示所見的佛性不夠圓滿。菩薩則從空入假，證道種智或法緣後，修各種觀去廣度眾生，故要「法門無量誓願學」。

天台止觀法門裡有三種惑，見惑、思惑、塵沙惑。見惑是五種不正見，思惑是五種根本煩惱（貪、瞋、癡、慢、疑）。從證入空慧得二諦觀（真諦與俗諦）後，即能斷見思二惑。這種去我執證我空雖能自了生死，卻不能解決眾生的問題，因為無量的眾生有無量的個性、心態及煩惱相，此時便碰到不障生死但障度化眾生的塵沙惑。

因此，必須盡力學習有關各領域的法門，四種悉檀（第一、對治、為人、世間）皆應學，尤其屬方便悉檀的後三者。在施種種方便善巧時，縱使是在惡法之眾生，菩薩都願意代他們受苦或承擔，維摩居士說：「因為眾生生病，故我病。」因為眾生流轉生死，所以菩薩流轉生死，地藏菩薩也才會留在地獄裡，為感化受苦的眾生早日向上佛道。這種念念不忘眾生，法門廣大的登地菩薩，在定方面便顯得微弱，雖見佛性但不明了。

菩薩如果能廣而又深，即是佛的境界——中觀的智慧了。此時的止便是「息二邊分別止」，即是息「體真止」與「方便隨緣止」的二邊止，而得中道的止，見平等性且通達事相上的差別。息滅一切煩惱，契入中道的正觀，得一切種智的佛眼（一切智與道種智的總和）。真假、空假、理性或事相，所有的功德都圓滿具足。所謂：「佛一念具足一切法。」可隨緣度化而無所偏差，斷最後一分的無明惑，定慧均等，了了分明，見佛性，圓滿佛果。

以上便是智者大師「一心三觀」的分析，可見中國佛教能在佛教發展史上佔有如此重要的地位，古代的祖師大德的貢獻十分大——他們在研修的過程中提供了許多真知灼見，且建立起自己的一套精密思想體系，供後人參究與學習，延續佛法的慧命。

卷三
小止觀〔原文〕

點校說明

我們這次重新點校《小止觀》，以老古出版社的影印古本為主，《大正藏》為輔，並且用中華佛教文獻編撰社的《釋禪波羅蜜》對校，還參考了寶靜法師的《修習止觀坐禪法要講述》。雖然或許還不能做到萬全，錯誤大概也很少。為了幫助讀者閱讀，我們主要根據寶靜法師的著作，加了些註解。希望這個本子能成為較理想的《小止觀》讀本。

智者大師傳略

智者大師是隋朝人，法名智顗，字德安，姓陳。十八歲出家，二十歲受具戒。陳朝末年住在天台山修禪寺，又講《法華經》於金陵，陳亡後雲遊說法，隋朝開皇十七年逝世。晉王曾稱讚他說：「大師傳佛法燈，宜稱智者。」

他是天台宗的第四祖，天台宗理論的實際建立者。所遺三大著作——《法華玄義》、《摩訶止觀》（即《圓頓止觀》）和《法華文句》，皆是講論時，由門下高足灌頂整理成書，為天台宗稱為「三大部」，是天台宗「教、觀」的根本論典。

序

《天台止觀》有四本：一曰《圓頓止觀》，大師於荊州玉泉寺說，章安記為十卷。二曰《漸次止觀》，在瓦官寺說，弟子法慎記，本三十卷，章安治定為十卷，今《釋禪波羅蜜》是。三曰《不定止觀》，即陳尚書令毛喜請大師出，有一卷，今《六妙門》是。四曰《小止觀》，即今文是，大師為俗兄陳鍼出，寔大部之梗概，入道之樞機。曰「止觀」，曰「定慧」，曰「寂照」，曰「明靜」，皆同出而異名也。

若夫窮萬法之源底，考諸佛之修證，莫若「止觀」。天台大師靈山親承，承「止觀」也；大蘇妙悟，悟「止觀」也；三昧❶所修，修「止觀」也；縱辯而說，說「止觀」也。故曰：「說己心中所行法門。」則知台教宗部雖繁，要歸不出「止觀」，舍「止觀」不足以明天台道，不足以議天台教，故入道者不可不學，學者不可不修。

奈何叔世寡薄，馳走聲利，或膠固於名相，或混淆於闇證；其書雖存，而「止觀」之道蔑聞於世，得不為之痛心疾首哉！今以此書命工鏤板，將使聞者見者皆植大乘緣種，況有修有證者，則其利尚可量耶！予因對校，乃為敘云。

時紹聖二年仲秋朔，餘杭郡釋元照序

正文

《修習止觀坐禪法要》（一曰《童蒙止觀》，亦名《小止觀》）

天台山修禪寺沙門智顗述

「諸惡莫作，眾善奉行，自淨其意，是諸佛教。」

若夫泥洹之法，入乃多途；論其急要，不出止、觀二法。所以然者，止乃伏結❷之初門，觀是斷惑之正要；止則愛養心識之善資，觀則策發神解之妙術；止是禪定之勝因，觀是智慧之由藉。若人成就定、慧二法，斯乃自利、利人法皆具足。故《法華經》云：「佛自住大乘，如其所得法，定、慧力莊嚴，以此度眾生。」當知此之二法如車之雙輪、鳥之兩翼——若偏修習，即墮邪倒。

故經云：「若偏修禪定、福德，不學智慧，名之曰愚；偏學知慧，不修禪定、福德，名之曰狂。」狂、愚之過，雖小不同，邪見輪轉，蓋無差別。若不均等，此則行乖圓備，何能疾登極果？

故經云：「聲聞之人定力多，故不見佛性；十住❸菩薩智慧力多，雖見佛性而不明了；諸佛如來定、慧力等，是故了了見於佛性。」

以此推之，止觀豈非泥洹大果之要門，行人修行之勝路，眾德圓滿之指歸，無上極果之正體也？若如是知者，止觀法門實非淺。故欲接引始學之流輩，開曚冥而進道，說易行難，豈可廣論深妙？今略明十意，以示初心行人登正道之階梯，入泥洹之等級。尋者當愧為行之難成，毋鄙斯文之淺近也！若心稱言旨，於一眴間，則智斷❹難量，神解莫測；若虛構文言，情乖所說，空延歲月，取證無由——事等貧人數他財寶，於己何益者哉！❺

具緣第一　訶欲第二
棄蓋第三　調和第四
方便第五　正修第六
善發第七　覺魔第八
治病第九　證果第十

今略舉此十意，以明修止觀者。此是初心學坐之急要，若能善取其意而修習之，可以安心免難，發定生解，證於無漏❻之聖果也。

具緣第一

具五緣

- 第一持戒清淨 — 三品持戒人；懺悔十法。
- 第二衣食具足
  - 衣法三種
  - 食法四種
- 第三得閑居靜處 — 深山、蘭若、伽藍三處可修禪定。
- 第四息諸緣務 — 息治生、交遊、技術、學問等四種緣務。
- 第五近善知識 — 近外護、同行、教授等三種善知識。

夫發心起行、欲修止觀者，要先外具五緣：

第一持戒清淨：如經中說：「依因此戒，得生諸禪定及滅苦智慧。」是故比丘應持戒清淨。然有三種行人，持戒不同：

一者：若人未作佛弟子時，不造五逆❼，後遇良師，教受三歸五戒❽，為佛弟子；若得出家，受沙彌十戒❾，次受具足戒❿，作比丘、比丘尼。從受戒來，清淨護持，無所毀犯，是名上品持戒人也。當知是人修行止觀必證佛法，猶如淨衣，易受染色。

二者：若人受得戒已，雖不犯重⓫，於諸輕戒多所毀損，為修定故，即能如法懺悔，亦名「持戒清淨，能生定慧」，如衣曾有垢膩，若能浣淨，染亦可著。

三者：若人受得戒已，不能堅心護持輕重諸戒，多所毀犯，依小乘教門，即無懺悔「四重」之法；若依大乘教門，猶可滅除。故經云：「佛法有二種健人——一者不作諸惡，二者作已能悔。」

夫欲懺悔者，須具十法助成其懺——一者明信因果；二者生重怖畏；三者深起慚愧；四者求滅罪方法，所謂大乘經中明諸行法，應當如法修行；五者發露先罪⓬；六者斷相續心⓭；七者起護法心；八者發大誓願度脫眾生；九者常念十方諸佛；十者觀罪性無生⓮。若能成就如此十法，莊嚴道場⓯，洗浣清淨，著淨潔衣，燒香散花於三寶前，如法修行一七、三七日，或一月、三月，乃至經年，專心懺悔，所犯重罪取滅方止。

云何知重罪滅相？若行者如是至心懺悔時，自覺身心輕利，得好瑞夢；或復覩諸靈瑞異相；或覺善心開發；或自於坐中，覺身如雲如影，因是漸證得諸禪境界；或復豁然解悟，心生善識法相，隨所聞經即知義趣，因是法喜，心無憂悔。如是等種種因緣，當知即是破戒障道罪滅之相。從是已後堅持禁戒，亦名「尸羅清淨」⑯，可修禪定，猶如破壞垢膩之衣，若能補治浣洗清淨，猶可染著。

若人犯重禁已，恐障禪定，雖不依諸經修諸行法，但生重慚愧，於三寶前發露先罪，斷相續心，端身常坐，觀罪性空，念十方佛；若出禪時，即須至心燒香禮拜懺悔，誦戒及誦大乘經典，障道重罪自當漸漸消滅，因此尸羅清淨，禪定開發。故《妙勝定經》云：「若人犯重罪已，心生怖畏，欲求除滅，若除禪定，餘無能滅。」是人應當在空閑處攝心常坐、及誦大乘經，一切重罪悉皆消滅，諸禪三昧自然現前。

第二衣食具足者：

衣法有三種：一者如雪山大士⑰，隨得一衣蔽形即足，以不遊人間，堪忍力成故。二者如迦葉，常受頭陀法⑱，但畜糞掃、三衣⑲，不畜餘長。三者若多寒國土、及忍力未成之者，如來亦許三衣之外，畜百一等物；而要須說淨⑳，知量、知足，若過貪求積聚，則心亂妨道。

次食法，有四種：一者若上人大士，深山絕世，草果隨時，得資身者。二者常行頭陀，受乞食法。是乞食法能破四種邪命㉑，依正命自活，能生聖道故。邪命自活者——一下口食、二仰口食、三維口食、四方口食。邪命之相，如舍利弗為青目女說。三者阿蘭若處，檀越送食。四者於僧中潔淨食。有此等食緣具足，名「衣食具足」。何以故？無此等緣，則心不安隱，於道有妨。

第三得閑居靜處：閑者，不作眾事名之為閑；無憒鬧故，名之為靜。有三處可修禪定——一者深山絕人之處；二者頭陀蘭若之處，離于聚落，極近三四里，此則放牧聲絕，無諸憒鬧；三者遠白衣㉒住處、清淨伽藍中；皆名「閑居靜處」。

第四息諸緣務，有四意：一息治生緣務——不作有為事業；二息人間緣務——不追尋俗人朋友、親戚知識，斷絕人事往還；三息工巧技術緣務——不作世間工匠技術、醫方、禁呪、卜相、書數、算計等事；四息學問緣務——讀誦聽學等悉皆棄捨；此為「息諸緣務」。所以者何？若多緣務，則行道事癈，心亂難攝。

第五近善知識：善知識有三——一外護善知識，經營供養，善能將護行人，不相惱亂；二者同行善知識，共修一道，互相勸發，不相擾亂；三者教授善知識，以內外方便禪定法門，示教利喜。

略明五種緣務竟。

訶欲第二

訶五欲

一、訶色欲——男女形貌、世間寶物。
二、訶聲欲——音樂
三、訶香欲——男女身香、飲食馨香。
四、訶味欲——飲食美味
五、訶觸欲——男女體觸

所言訶欲者，謂「五欲」也，凡欲坐禪修習止觀，必須訶責。「五欲」者，是世間色、聲、香、味、觸，常能誑惑一切凡夫，令生愛著；若能深知過罪，即不親近，是名「訶欲」。

一訶色欲者：所謂男女形貌端嚴——修目長眉、朱唇素齒，及世間寶物、青黃赤白、紅紫縹綠，種種妙色，能令愚人見則生愛，作諸惡業。如頻婆娑羅王，以色欲故，身入敵國，在婬女阿梵婆羅房中；優填王以色染故，截五百仙人手足。如此等種種（因緣、知色）㉓過罪。

二訶聲欲者：所謂箜篌箏笛、絲竹金石音樂之聲，及男女歌詠讚誦等聲，能令凡夫聞即染著，起諸惡業。如五百仙人雪山住，聞甄陀羅女歌聲，即失禪定，心醉狂亂。如是等種種因緣，知聲過罪。

三訶香欲者：所謂男女身香、世間飲食馨香，及一切薰香等，愚人不了香相，聞即愛著，開「結使」門。如一比丘在蓮華池邊，聞華香氣，心生愛樂，池神即大訶責：「何故偷我香氣？」以著香故，令諸「結使」臥者皆起。如是等種種因緣，知香過罪。

四訶味欲者：所謂苦、酸、甘、辛、鹹、淡等，種種飲食肴膳美味，能令凡夫心生染著，起不善業。如一沙彌染著酪味，命終之後，生在酪中，受其蟲身。如是等種種因緣，知味過罪。

五訶觸欲者：男女身分柔軟細滑，寒時體溫、熱時體涼，及諸好觸，愚人無智，為之沉沒，起障道業。如一角仙，因觸欲故，遂失神通，為婬女騎頸。如是等種種因緣，知觸過罪。

如上訶欲之法，出《摩訶衍論》中說。復云：「哀哉眾生，常為五欲所惱，而猶求之不已！」此五欲者，得之轉劇，如火益薪，其焰轉熾。五欲無樂，如狗嚙枯骨。五欲增諍，如鳥競肉。五欲燒人，如逆風執炬。五欲害人，如踐毒蛇。五欲無實，如夢所得。五欲不久，假借須臾，如擊石火。智者思之，亦如怨賊；世人愚惑，貪著五欲，至死不捨，後受無量苦惱。此五欲法，與畜生同有❷❹；一切眾生，常為五欲所使，名「欲奴僕」，坐此弊欲，沉墮三塗❷❺。我今修禪，復為障蔽，此為大賊，急當遠之。如《禪經》偈中說：

「生死不斷絕，貪欲嗜味故。養冤入丘塚，虛受諸辛苦。
身臭如死屍，九孔❷❻流不淨，如廁蟲樂糞，愚人身無異。
智者應觀身，不貪染世樂，無累無所欲，是名真涅槃。
如諸佛所說，一心一意行，數息在禪定，是名行頭陀。」

棄蓋第三

棄五蓋

- 一、棄貪欲蓋——心生欲火，必燒善法。
- 二、棄瞋恚蓋——瞋為毒之根，滅一切善。
- 三、棄睡眠蓋——無所覺識，最難滅除。
- 四、棄掉悔蓋
  - 掉有三種：身掉、口掉、心掉。
  - 悔有二種：掉後生悔、犯重罪後悔。
- 五、棄疑蓋——障定之疑有疑自、疑師、疑法三種。

所言棄蓋者，謂「五蓋」也。

一棄貪欲蓋：前說外「五塵」中生欲，今約內「意根」中生欲。謂行者端坐修禪，心生欲覺，念念相續，覆蓋善心，令不生長，覺已應棄。所以者何？如術婆伽欲心內發，尚能燒身，況復心生欲火，而不燒諸善法！貪欲之人去道甚遠。所以者何？「欲」為種種惱亂住處，若心著「欲」，無由近道。如〈除蓋偈〉說：

「入道慚愧人，持鉢福眾生，
云何縱塵欲，沉沒於五情？
已捨五欲樂，棄之而不顧，
如何還欲得？如愚自食吐！
諸欲求時苦，得時多怖畏，
失時懷熱惱，一切無樂處。
諸欲患如是，以何能捨之？
得深禪定樂，即不為所欺。」

二棄瞋恚蓋：「瞋」是失佛法之根本，墜惡道之因緣，法樂之寃家，善心之大賊，種種惡口之府藏。是故行者於坐禪時思惟：此人現在惱我及惱我親，讚歎失寃，思惟過去未來亦如是，是為「九惱」㉗。故生瞋恨，瞋恨故生怨，以怨心生故，便起心惱彼㉘。

如是瞋覺覆心，故名為蓋；當急棄之，無令增長。如釋提婆那以偈問佛：

「何物殺安樂？何物殺無憂？
何物毒之根，吞滅一切善？」

佛以偈答言：

「殺瞋則安樂，殺瞋則無憂。
瞋為毒之根，瞋滅一切善。」

如是知已，當修慈忍以滅除之，令心清淨。

三棄睡眠蓋：內心昏闇名為「睡」；五情闇蔽、放恣支節、委臥睡熟為「眠」。以是因緣，名為「睡眠蓋」，能破今世後世實樂法心，及後世生天及涅槃樂。如是惡法，最為不善。何以故？諸餘蓋情，覺故可除，睡眠如死，無所覺識，以不覺故，難可除滅。如佛諸菩薩訶睡眠弟子偈曰：

「汝起勿抱臭屍臥！種種不淨假名人㉙，
如得重病箭入體，諸苦痛集安可眠，
如人被縛將去殺，災害垂至安可眠！
結賊不滅害未除，如共毒蛇同室居，
亦如臨陣兩刃間，爾時云何安可眠！

眠為大闇無所見，日日欺誑奪人明，
以眠覆心無所見，如是大失安可眠！」
如是等種種因緣，訶睡眠蓋。警覺無常，減損睡眠，令無昏覆。若昏睡心重，當用禪鎮、杖卻之㉚。

四棄掉悔蓋：「掉」有三種——一者身掉，身好遊走，諸雜戲謔，坐不暫安。二者口掉，好喜吟咏，競諍是非，無益戲論，世間語言等。三者心掉，心情放逸，縱意攀緣，思惟文藝、世間才技、諸惡覺觀等，名為心掉。

「掉」之為法，破出家人心。如人攝心，猶不能定，何況掉散！掉散之人，如無鉤醉象、穴鼻駱駝，不可禁制。如偈說：

「汝已剃頭著染衣，執持瓦鉢行乞食，
云何樂著戲掉法？放逸縱情失法利！」
既失法利，又失世樂，覺其過已，當急棄之。

「悔」者，「悔」能成蓋，若「掉」無「悔」則不成蓋。何以故？「掉」時未在緣中故，後欲入定時方「悔」前所作，憂惱覆心，故名為「蓋」。但「悔」有二種——一者因「掉」後生「悔」，如前所說。二者如作大重罪人，常懷怖畏，悔箭入心，堅不可拔。如偈說：

「不應作而作，應作而不作，
悔惱火所燒，後世墮惡道！
若人罪能悔，悔已莫復憂，
如是心安樂。不應常念著！
若有二種悔：若應作不作，
不應作而作，是則愚人相！
不以心悔故，不作而能作；
諸惡事已作，不能令不作！」

五棄疑蓋者：以疑覆心故，於諸法中不得信心；信心無故，於佛法中空無所獲，譬如有人入於寶山，若無有手，無所能取。然則疑過甚多，未必障定，令正障定。疑者有三種：

一者疑自：而作是念：「我諸根闇鈍，罪垢深重，非其人乎？」自作此疑，定法終不得發。若欲修定，勿當自輕，以宿世善根難測故。

二者疑師：「彼人威儀相貌如是，自尚無道，何能教我？」作是疑慢，即為障定，欲除之法，如《摩訶衍論》中說。如臭皮囊中金，以貪金故，不可棄其臭囊——行者亦爾，師雖不清淨，亦應生佛想。

三疑法：世人多執本心，於所受法不能即信，（故不）㉛敬心受行，若心生猶豫，即法不染心。何以故？疑障之義如偈中說：

「如人在岐路，疑惑無所趣，
諸法實相中，疑亦復如是。
疑故不勤求，諸法之實相！
見㉜疑從癡生，惡中之惡者！
善不善法中，生死及涅槃，
定實真有法，於中莫生疑。
汝若懷疑惑，死王獄吏縛，
如師子搏鹿，不能得解脫。
在世雖有疑，當隨喜善法，
譬如觀岐道，利好者應逐。」

佛法之中，信為能入，若無信者，雖在佛法，終無所獲。如是種種因緣，覺知疑過，當急棄之。

問曰：「不善法廣，塵數無量，何故但棄五法？」答曰：「此五蓋中即具有『三毒』、『等分』，四法為根本㉝，亦得攝八萬四千諸塵勞門。一貪欲蓋，即貪毒；二瞋恚蓋，即瞋毒；三睡眠及疑，此二法是癡毒；四掉悔，即是『等分』攝；合為四分煩惱，一中有二萬一千，四中合為八萬四千。是故除此五蓋，即是除一切不善之法。」

行者如是等種種因緣，棄於五蓋。譬如負債得脫，重病得差，如饑餓之人得至豐國，如於惡賊中得自免濟，安隱無患——行者亦如是，除此五蓋，其心安隱，清涼快樂。如日月以五事覆翳——煙、塵、雲、霧、羅睺阿修羅手障[34]，則不能明照，人心「五蓋」亦復如是。

調和第四

調五事

- 一、調食
  - 身安則道隆，飲食知節量。
- 二、調睡眠
  - 初夜後夜，亦勿有廢。
- 三、調身
  - 初入禪調身：不寬不急，是身調相。
- 四、調息
  - 初入禪調息：不澀不滑，是息調相。
- 五、調心
  - 一初入禪調心：不沉不浮，是心調相。
  - 二住坐中調三事（身、息、心）
  - 三出時調三事（身、息、心）

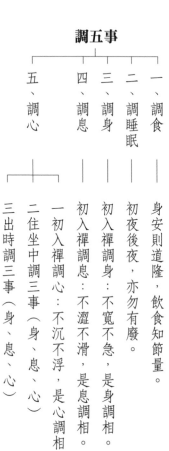

夫行者初學坐禪，欲修十方三世㉟佛法者，應當先發大誓願，度脫一切眾生，願求無上佛道，其心堅固猶如金剛，精進勇猛，不惜身命，若成就一切佛法，終不退轉。然後坐中正念思惟一切諸法真實之相——所謂善不善無記法、內外「根」「塵」妄識，一切有漏煩惱法，三界有為生死因果法，皆因心有。㊱故《十地經》云：「三界無別有，唯是一心作。」若知心無性，則諸法不實；心無染著，則一切生死業行止息。作是觀已，乃應如次起行修習也。

云何名「調和」？今借近譬，以況斯法——如世間陶師欲造眾器，先須善巧調泥，令使不彊不懦，然後可就輪繩；亦如彈琴前應調絃，令寬急得所，方可入弄，出諸妙曲。行者修心，亦復如是，善調五事，必使和適，則三昧易生；有所不調，多諸妨難，善根難發。

一調食者：夫食之為法，本欲資身進道。食若過飽，則氣急身滿，百脈不通，令心閉塞，坐念不安；若食過少，則身羸心懸，意慮不固。此二皆非得定之道。若食穢觸之物，令人心識昏迷；若食不宜之物，則動宿病，使「四大」違反。此為修定之初，須深慎之也。故經云：「身安則道隆。飲食知節量，常樂在空閑，心靜樂精進，是名諸佛教。」

二調睡眠者：夫眠是無明惑覆，不可縱之。若其眠寐過多，非唯廢修聖法，亦復喪失功夫，而能令心闇昧，善根沉沒。當覺悟無常，調伏睡眠，令神氣清白，念心明淨，如是乃可棲心聖境，三昧現前。故經云：「初夜、後夜，亦勿有廢。」無以睡眠因緣，令一生空過無所得也。當念無常之火燒諸世間，早求自度，勿睡眠也。

三調身、四調息、五調心，此三應合用，不得別說，但有初、中、後方法不同，是則入、住、出、相有異也。

夫初欲入禪調身者：行人欲入三昧，調身之宜——若在定外，行住進止，動靜運為，悉須詳審。若所作麤獷，則氣息隨麤；以氣麤故，則心散難錄，兼復坐時煩憒，心不恬怡。（是以）㊲身雖在定外，亦須用意，逆作方便。

後入禪時，須善安身得所——初至繩床，即須先安坐處，每令安穩，久久無妨。次當正腳——若半跏坐，以左腳置右腳上，牽來近身，令左腳指與右髀齊、右腳指與左髀齊；若欲全跏，即正右腳置左腳上。次解寬衣帶周正——不令坐時脫落。次當安手——先以左手掌置右手上，重累手相對，頓置左腳上，牽來近身，當心而安。次當正身——先當挺動其身并諸支節，作七八反，如似按摩法，勿令手足差異。如是已，則端直，令脊骨勿曲勿聳。次正頭頸——令鼻與臍相對，不偏不斜，不低不昂，平面正住。次當口吐濁氣——吐氣之法，開口放氣，不可令麤急，以之綿綿恣氣而出，想身分中百脈不通處，放息隨氣而出，閉口，鼻納清氣。㊳如是至三；若身息調和，但一亦足。次當閉口——唇齒纔相拄著，舌向上齶。次當閉眼——纔令斷外光而已。當端身正坐，猶如奠石，無得身首四肢切爾搖動。是為初入禪定調身之法。舉要言之：不寬不急，是身調相。

四初入禪調息法者：息有四種相——一風，二喘，三氣，四息。前三為不調相，後一為調相。云何為風相？坐時則鼻中息出入覺有聲，是風也。云何喘相？坐時息雖無聲，而出入結滯不通，是喘相也。云何氣相？坐時息雖無聲，亦不結滯，而出入不細，是氣相也。云何息相？不聲、不結、不麁，出入綿綿，若存若亡；資神安隱，情抱悅豫，此是息相也。守風則散，守喘則結，守氣則勞，守息即定。

坐時有風、喘、氣三相，是名「不調」，而用心者，復為心患，心亦難定。若欲調之，當依三法：一者下著安心；二者寬放身體；三者想氣遍毛孔，出入通同無障，若細其心，令息微微然。息調則眾患不生，其心易定。是名行者初入定時調息方法。舉要言之：不澀不滑，是息調相也㊴。

五初入定時調心者：有三義——一入、二住、三出。

初入：有二義——一者調伏亂想，不令越逸；二者當令沉、浮、寬、急得所。何等為沉相？若坐時心中昏暗，無所記錄，頭好低垂，是為沉相。爾時當繫念鼻端，令心住在緣中，無分散意，此可治沉。何等為浮相？若坐時心好飄動，身亦不安，念外異緣，此是浮相。爾時宜安心向下，繫緣臍中，制諸亂念，心即定住，則心易安靜。舉要言之：「不沉不浮，是心調相。」

其定心亦有寬急之相：定心急病相者，由坐中攝心用念，因此入定，是故（氣）❹⓪上向，胸臆急痛。當寬放其心，想氣皆流下，患自差矣。若心寬病相者，覺心志散慢，身好逶迤，或口中涎流，或時闇晦。爾時應當歛身急念，令心住緣中，身體相持，以此為治。心有澁滑之相，推之可知。是為初入定調心方法。

夫入定本是從麁入細，是以「身」既為麁，「息」居其中，「心」最為細靜；調麁就細，令心安靜，此則入定初方便也。是名初入定時調二❹①事也。

二住坐中調三事者：行人當於一坐之時，隨時長短——十二時或經一時，或至二三時，攝念用心，是中應須善識身、息、心三事調不調相。若坐時，向雖調身竟，其身或寬或急，或偏或曲，或低或昂，身不端直；覺已隨正，令其安隱，中無寬急，平直正住。

復次：一坐之中，身雖調和，而氣不調和，不調和相者，如上所說——或風或喘，或復氣息，身中脹滿，當用前法，隨而治之。每令息道綿綿，如有如無。

次：一坐中，身、息雖調，而心或浮、沉、寬、急不定。爾時若覺，當用前法，調令中適。此三事的無前後，隨不調者而調適之，令一坐之中，身、息及心三事，調適無相乖越，和融不二，此則能除宿患，防障不生，定道可剋。

三出時調三事者：行人若坐禪將竟、欲出定時，應前放心異緣，開口放氣，想（息）[42]從百脈隨意而散，然後微微動身。次動肩膊及手、頭頸，次動二足，悉令柔軟。次以手遍摩諸毛孔，次摩手令煖，以揜兩眼，然後開之。待身熱稍歇，方可隨意出入。若不爾者，坐或得住心，出既頓促，則細法未散，住在身中，令人頭痛、百骨節彊，猶如風勞，於後坐中煩躁不安。是故心欲出定，每須在意。此為出定調身、息、心方法。以從細出麁故，是名善入、住、出。如偈說：

「進止有次第，麁細不相違，
譬如善調馬，欲住而欲去。[43]」

《法華經》云：「此大眾諸菩薩等，已於無量千萬億劫，為佛道故，勤行精進，善入住出無量百千萬億三昧，得大神通，久修梵行，善能次第習諸善法。」

方便行第五

見五方便法門

一、欲——欲離妄想顛倒，志願好樂智慧法門。
二、精進——譬如鑽火未熱，終不休息。
三、念——念世間為欺誑可賤，禪定為尊重可貴。
四、巧慧——知世間樂是失是輕，禪定樂是得是重。
五、一心——心如金剛；設使空無所獲，終不回易。

夫修止觀，須具方便法門，有其五法：

一者欲：欲離世間一切妄想顛倒，欲得一切諸禪智慧法門故。亦名為志，亦名為願，亦名為好，亦名為樂，是人志願好樂一切諸深法門故。故名為欲。如佛言：「一切善法，欲為其本。㊹」

二者精進：堅持禁戒，棄於五蓋，初夜、後夜，專精不廢，譬如鑽火未熱㊺，終不休息。是名精進善道法。

三者念：念世間為欺誑可賤，念禪定為尊重可貴——若得禪定，即能具足，發諸無漏智一切神通道力，成等正覺，廣度眾生，是為可貴。故名為念。

四者巧慧：籌量世間樂、禪定智慧樂得失輕重。所以者何？世間之樂，樂少苦多，虛誑不實，是失是輕；禪定智慧之樂，無漏無為，寂然閑曠，永離生死，與苦長別，是得是重。如是分別，故名巧慧。

五者一心：分明明見世間可患可惡，善識定慧功德可尊可貴，爾時應當一心決定修行止觀，心如金剛，天魔外道不能沮壞；設使空無所獲，終不回易。是名一心。譬如人行，先須知道通塞之相，然後決定一心涉路而進，故說巧慧、一心。經云：「非智不禪，非禪不智。」義在此也。

正修行第六

修習止觀二法

- 一、坐中修
  - （一）對治初心麁亂修止觀
  - （二）對治心沉浮病修止觀
  - （三）隨便宜修止觀
  - （四）對治定中細心修止觀
  - （五）均齊定慧修止觀
- 二、歷緣對境修
  - （一）歷緣修止觀—分行、住、坐、臥、作、語六緣修止觀。
  - （二）對境修止觀—分眼對色、耳對聲、鼻對香、舌對味、身對觸、意對法，六境修止觀。

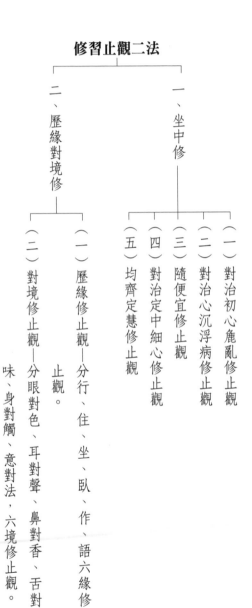

修止觀者有二種：一者於坐中修，二者歷緣對境修。

一於坐中修止觀者，於「四威儀」㊻中亦乃皆得，然學道者「坐」為勝，故先約「坐」以明止觀。略出五意不同：

一對治初心麁亂修止觀：所謂行者初坐禪時心麁亂故，應當修止以除破之；止若不破，即應修觀，故云「對破初心麁亂修止觀」。今明修止觀有二意：

一者修止：自有三種——一者「繫緣守境止」，所謂繫心鼻端、臍間等處，令心不散。故經云：「繫心不放逸，亦如猿著鎖。」二者「制心止」，所謂隨心所起，即便制之，不令馳散。故經云：「此五根者，心為其主，是故汝等當好止心。」此二種皆是事相，不須分別。三者「體真止」，所謂隨心所念一切諸法，悉知從因緣生，無有自性，則心不取；若心不取，則妄念心息㊼，故名為止。如經中說云：「一切諸法中，因緣空無主。息心達本源，故號為沙門。」

行者於初坐禪時，隨心所念一切諸法，念念不住，雖用如上「體真止」，而妄念不息，當反觀所起之心——過去已滅，現在不住，未來未至，三際窮之，了不可得。不可得法，則無有心；若無有心，則一切法皆無。行者雖觀心不住、皆無所有，而非無剎那，任運覺知念起。㊽又觀此心念：以內有「六根」，外有「六塵」，根塵相對，故有識生；根塵未對，識本無生。觀生如是，觀滅亦然，生滅名字，但是假立；生滅心滅，寂滅現前，了無所得，是所謂涅槃空寂之理，其心自止。〈起信論〉云：「若心馳散，即當攝來，住於正念。是正念者，當知唯心，無外境界；即復此心，亦無自相，念念不可得。」謂初心修學，未便得住，抑之令住，往往發狂。如學射法，久習方中矣。

二者修觀：有二種——一者「對治觀」，如「不淨觀」對治「貪欲」，「慈心觀」對治「瞋恚」，「界分別觀」對治「著我」，「數息觀」對治「多尋思」等，此不分別也。二者「正觀」，觀諸法無相，並是因緣所生，因緣無性，即是實相；先了所觀之境，一切皆空，能觀之心自然不起。前後之文多談此理，請自詳之。如經偈中說：「諸法不牢固，常在於念中。已解見空者，一切無想念。」

二對治心沉浮病修止觀：行者於坐禪時，其心闇塞，無記㊾瞪瞢，或時多睡，爾時應當修觀照了。若於坐中，其心浮動，輕躁不安，爾時應當修止止之。是則略說「對治心沉浮病修止觀」相，但須善識藥病，相對用之，一一不得於對治，有乖僻之失。

三隨便宜修止觀：行者於坐禪時，雖為對治心沉故，修於觀照，而心不明淨，亦無法利，爾時當試修止止之；若於止時，即覺身心安靜，當知宜止，即應用止安心。若於坐禪時，雖為對治心浮動故修止，而心不住，亦無法利，當試修觀；若於觀中即覺心神明淨，寂然安隱，當知宜觀，即當用觀安心。是則略說「隨便宜修止觀」相。但須善約便宜修之，則心神安隱，煩惱患息，證諸法門也。

四對治定中細心修止觀：所謂行者先用止觀對破麁亂，亂心既息，即得入定，定心細故，覺身空寂，受於快樂，或利便心發，能以細心取於偏邪之理。若不知定心止息虛誑，必生貪著；若生貪著，執以為實。若知虛誑不實，即愛、見二煩惱不起，是為修止。㊿雖復修止，若心猶著愛、見，結業不息，爾時應當修觀，觀於定中細心。若不見定中細心，即不執著定見；若不執著定見，則愛、見煩惱悉皆摧滅，是名「修觀」。此則略說「對治定中細心修止觀」相。分別止、觀方法並同於前，但以破定見微細之失為異也。

五為均齊定慧修止觀：行者於坐禪中，因修止故，或因修觀，而入禪定，雖得入定，而無觀慧，是為癡定，不能斷結；或觀慧微少，即不能發起真慧，斷諸「結使」，發諸法門；爾時應當修觀破析，則定、慧均等，能斷「結使」，證諸法門。行者於坐禪時，因修觀故，而心豁然開悟，智慧分明，而定心微少，心則動散，如風中燈，照物不了，不能出離生死；爾時應當復修於止，以修止故，則得定心，如密室中燈，則能破暗照物分明。是則略說「均齊定、慧二法修止觀」也。

行者若能如是，於端身正坐之中，善用此五番修止觀意，取捨不失其宜，當知是人善修佛法；能善修故，必於一生不空過也。

復次第二明歷緣對境修止觀者：端身常坐，乃為入道之勝要，而有累之身必涉事緣，若隨緣對境而不修習止觀，是則修心有間絕，結業觸處而起，豈得疾與佛法相應？若於一切時中，常修定、慧方便，當知是人必能通達一切佛法。

云何名「歷緣修止觀」？所言「緣」者，謂六種緣——一行，二住，三坐，四臥，五作作，六言語。云何名「對境修止觀」？所言「境」者，謂六塵境——一眼對色，二耳對聲，三鼻對香，四舌對味，五身對觸，六意對法。行者約此十二事中修止觀，故名為「歷緣對境修止觀」也。

一行者：若於行時，應作是念：「我今為何等事欲行？」為煩惱所使及不善無記事行，即不應行；若非煩惱所使，為善利益如法事，即應行。云何行中修止？若於行時，即知因於行故，則有一切煩惱善惡等法，了知行心及行中一切法皆不可得，則妄念心息，是名「修止」。云何行中修觀？應作是念：「由心動身，故有進趣，名之為行。因此行故，則有一切煩惱善惡等法。」即當反觀行心，不見相貌，當知行者及行中一切法畢竟空寂，是名「修觀」。

二住者：若於住時，應作是念：「我今為何等事欲住？」若為諸煩惱及不善無記事住，即不應住；若為善利益事，即應住。云何住中修止？若於住時，即知因於住故，則有一切煩惱善惡等法，了知住心及住中一切法皆不可得，則妄念心息，是名「修止」。云何住中修觀？應作是念：「由心駐身，故名為住。因此住故，則有一切煩惱善惡等法。」則當反觀住心，不見相貌，當知住者及住中一切法畢竟空寂，是名「修觀」。

三坐者：若於坐時，應作是念：「我今為何等事欲坐？」若為諸煩惱及不善無記事等，即不應坐；為善利益事，則應坐。云何坐中修止？若於坐時，則當了知因於坐故，則有一切煩惱善惡等法，而無一法可得，則妄念不生，是名「修止」。云何坐中修觀？應作是念：「由心所念，壘腳安身，因此則有一切善惡等法，故名為坐。」反觀坐心，不見相貌，當知坐者及坐中一切法畢竟空寂，是名「修觀」。

四臥者：於臥時應作是念：「我今為何等事欲臥？」若為不善放逸等事，則不應臥；若為調和四大51故臥，則應如師子王臥。云何臥中修止？若於寢息，則當了知因於臥故，則有一切善惡等法，而無一法可得，則妄念不起，是名「修止」。云何臥中修觀？應作是念：「由於勞乏，即便昏闇，放縱六情52，因此則有一切煩惱善惡等法。」即當反觀臥心，不見相貌，當知臥者及臥中一切法畢竟空寂，是名「修觀」。

五作者：若作時，應作是念：「我今為何等事欲如此作？」若為不善無記等事，即不應作；若為善利益事，即應作。云何名作中修止？若於作時，即當了知因於作故，則有一切善惡等法，而無一法可得，則妄念不起，是名「修止」。云何名作時修觀？應作是念：「由心運於身，手造作諸事，因此則有一切善惡等法，故名為作。」反觀作心，不見相貌，當知作者及作中一切法畢竟空寂，是名「修觀」。

六語者：若於語時，應作是念：「我今為何等事欲語？」若隨諸煩惱，為論說不善無記等事而語，即不應語；若為善利益事，即應語。云何名語中修止？若於語時，即知因此語故，則有一切煩惱善惡等法，了知語心及語中一切煩惱，善不善法皆不可得，則妄念心息，是名「修止」。云何語中修觀？應作是念：「由心覺觀，鼓動氣息，衝於咽喉、唇舌、齒齶，故出音聲語言，因此語故，則有一切善惡等法，故名為語。」反觀語心，不見相貌，當知語者及語中一切法畢竟空寂，是名「修觀」。

如上六義修習止觀，隨時相應用之，一一皆有前五番修止觀意，如上所說。

次六根門中修止觀者：

一眼見色時修止者：隨見色時，如水中月，無有定實。若見順情之色，不起貪愛；若見違情之色，不起瞋惱；若見非違非順之色，不起無明及諸亂想，是名「修止」。云何名眼見色時修觀？應作是念：「隨有所見，即相空寂。所以者何？於彼根塵空明之中，各無所見，亦無分別；和合因緣，出生『眼識』，次生『意識』，即能分別種種諸色，因此則有一切煩惱善惡等法。」即當反觀念色之心，不見相貌，當知見者及一切法畢竟空寂，是名「修觀」。

二耳聞聲時修止者：隨所聞聲，即知聲如響相。若聞順情之聲，不起愛心；違情之聲，不起瞋心；非違非順之聲，不起分別心，是名「修止」。云何名聞聲中修觀？應作是念：「隨所聞聲，空無所有，但從根塵和合，生於『耳識』，次『意識』生，強起分別，因此即有一切煩惱善惡等法，故名聞聲。」反觀聞聲之心，不見相貌，當知聞者及一切法畢竟空寂，是名為「觀」。

三鼻嗅香時修止者：隨所聞香，即知如焰不實。若聞順情之香，不起著心，違情之臭。不起瞋心；非違非順之香，不生亂念，是名「修止」。云何名聞香中修觀？應作是念：「我今聞香虛誑無實。所以者何？根塵合故，而生『鼻識』，次生『意識』，強取香相，因此則有一切煩惱善惡等法，故名聞香。」反觀聞香之心，不見相貌，當知聞香及一切法畢竟空寂，是名「修觀」。

四舌受味時修止者：隨所受味，即知如於夢幻中得味。若得順情美味，不起貪著；違情惡味，不起瞋心；非違非順之味，不起分別意想，是名「修止」。云何名舌受味時修觀？應作是念：「今所受味，實不可得。所以者何？內外六味，性無分別，因內舌根和合，則『舌識』生，次生『意識』，強取味相，因此則有一切煩惱善惡等法。」反觀緣味之識，不見相貌，當知受味者及一切法畢竟空寂，是名「修觀」。

五身受觸時修止者：隨所覺觸，即知如影幻化不實。若受順情樂觸，不起貪著；若受違情苦觸，不起瞋惱；受非違非順之觸，不起憶想分別，是名「修止」。云何身受觸時修觀？應作是念：「輕、重、冷、煖、澀、滑等法，名之為觸。頭等六分53，名之為身。『觸』性虛假，『身』亦不實。和合因緣，即生『身識』，次生『意識』，憶想分別苦樂等相，故名受觸。」反觀緣觸之心，不見相貌，當知受觸者及一切法畢竟空寂，是名「修觀」。

六意知法中修止觀相：如初坐中已明訖。

自上「依六根修止觀」相，隨所意用而用之，一一具上五番之意，是中已廣分別，今不重辨。

行者若能於行住坐臥、見聞覺知等一切處中修止觀者，當知是人真修「摩訶衍」[54]道。如《大品經》云：「修告須菩提：若菩薩行時知行，坐時知坐，乃至服僧伽梨[55]，視眴一心，出入禪定，當知是人名菩薩摩訶衍。」

復次：若人能如是，一切處中修行大乘，是人則於世間最勝最上，無與等者。《釋論》偈中說：

「閑坐林樹間，寂然滅諸惡，憺怕得一心，斯樂非天樂。[56]
人求世間利，名衣好床褥，斯樂非安隱，求利無厭足！
衲衣在空閑，動止心常一，自以智慧明，觀諸法實相。
種種諸法中，皆以等觀入，解慧心寂然，三界無倫匹！」

善根發第七

善根發相

- 一、外善根發相
- 二、內善根發相
  - （一）明五種善根發相
    - 1. 息道善根發相
    - 2. 不淨觀善根發相
    - 3. 慈心善根發相
    - 4. 因緣觀善根發相
    - 5. 念佛善根發相
  - （二）分別真偽者
    - 1. 辨邪偽禪發相
    - 2. 辨真正禪發相
  - （三）明用止觀長養諸善根者

行者若能如是，從假入空觀中，善修止觀者，則於坐中身心明淨，爾時當有種種善根開發，應須識知。今略明善根發相，有二種不同：

一外善根發相：所謂布施、持戒、孝順父母尊長、供養三寶及諸聽學等善根開發。此是外事，若非正修，與魔境相濫，今不分別。

二內善根發相：所謂諸禪定法門善根開發，有三種意：

第一明善根發相，有五種不同：

一息道善根發相：行者善修止觀故，身心調適，妄念止息，因是自覺其心漸漸入定，發於欲界及未到地等定57，身心泯然空寂，定心安隱，於此定中都不見有身心相貌。於後或經一坐二坐，乃至一日二日，一月二月，將息不得，不退不失58，即於定中忽覺身心運動，「八觸」而發者，所謂覺身痛59、痒、冷、煖、輕、重、澀、滑等。當觸發時，身心安定，虛微悅豫，快樂清淨，不可為喻，是為知息道根本禪定善根發相。

行者或於欲界未到地中，忽然覺息出入長短，遍身毛孔皆悉虛疏，即以心眼見身內三十六物，猶如開倉見諸麻豆等，心大驚喜，寂靜安快，是為隨息特勝善根發相。

二不淨觀善根發相：行者若於欲界未到地定，於此定中身心虛寂，忽然見他男女身死，死已膖脹爛壞、蟲膿流出，見白骨狼藉，其心悲喜，厭患所愛，此為九想善根發相。

或於靜定之中，忽然見內身不淨，外身膖脹狼藉，自身白骨從頭至足節節相拄。見是事已，定心安隱，驚悟無常，厭患五欲，不著我人，此是背捨善根發相。

或於定心中，見於內身及外身、一切飛禽走獸、衣服飲食、屋舍出林，皆悉不淨，此為大不淨善根發相。

三慈心善根發相：行者因修止觀故，若得欲界未到地定，於此定中，忽然發心慈念眾生，或緣親人得樂之相，即發深定，內心悅樂清淨，不可為喻；中人60、怨人，乃至十方五道眾生，亦復如是。從禪定起，其心悅樂，隨所見人，顏色常和，是為慈心善根發相。悲喜捨心發相類此可知也。

四因緣觀善根發相：行者因修止觀故，若得欲界未到地、身心靜定，忽然覺悟心生，推尋三世無明、行等諸因緣61中，不見人我，即離斷常62，破諸執見，得定安隱，解慧開發，心生法喜，不念世間之事；乃至「五陰」、「十二處」、「十八界」中63，分別亦如是。是為因緣觀善根發相。

五念佛善根發相：行者因修止觀故，若得欲界未到地定，身心空寂，忽然憶念諸佛功德相好，不可思議；所有十力、無畏、不共、三昧、解脫等法64，不可思議；神通變化，無礙說法，廣利眾生，不可思議；如是等無量功德，不可思議。作是念時，即發愛敬心生，三昧開發，身心快樂，清淨安隱，無諸惡相。從禪定起，身體輕利，自覺功德巍巍，人所愛敬。是為念佛三昧善根發相。

復次：行者因修止觀故，若得身心澄淨，或發無常、苦、空、無我、不淨、世間可厭，食不淨相、死離盡想；⑮念佛、法、僧、戒、捨、天，⑯念處、正勤、如意、根、力、覺、道，⑰空、無相、無作，六度諸波羅蜜神通變化等。⑱一切法門發相，是中應廣分別。故經云：「制心一處，無事不辦。」

二分別真偽者，有二：

一者辨邪偽禪發相：行者若發如上諸禪時，隨因所發之法，或身搔動，或時身重如物鎮壓，或時身輕欲飛，或時如縛，或時逶迤垂熟⑲，或時煎寒，或時壯熱，或見種種諸異境界，或時其心闇蔽，或時起諸惡覺，或時念外散亂諸雜善事，或時歡喜躁動，或時憂愁悲思，或時惡觸，身毛驚豎，或時大樂昏醉，如是種種邪法，與禪俱發，名為「邪偽」。

此之邪定，若人愛著，即與九十五種鬼神法相應，多好失心顛狂；或時諸鬼神等知人念著其法，即加勢力令發諸邪定、邪智，辯才神通惑動世人，凡愚見者謂得道果，皆悉信伏。而其內心顛倒，專行鬼法，惑亂世間。是人命終永不值佛，還墮鬼神道中；若坐時多行惡法，即墮地獄。

行者修止觀時，若證如是等禪，有此諸邪偽相，當即卻之。云何卻之？若知虛誑，正心不受不著，即當謝滅。應用「正觀」破之，即當滅矣。

二者辨真正禪發相：行者若於坐中發諸禪時，無有如上所說諸邪法等，隨一一禪發時，即覺與定相應，空明清淨，內心喜悅，憺然快樂，無有覆蓋；善心開發，信敬增長，智鑒分明，身心柔軟；微妙虛寂，厭患世間，無為無欲，出入自在，是為正禪發相。

譬如與惡人共事，恒相觸惱，若與善人共事，久見其美；分別邪、正二種禪發之相，亦復如是。

三明用止觀長養諸善根者；若於坐中，諸善根發時，應用止、觀二法修令增進。若宜用止，則以止修之；若宜用觀，則以觀修之；具如前說，略示大意矣。

覺知魔事第八

四種魔事

- 一、煩惱魔
- 二、陰入界魔
- 三、死魔
- 四、鬼神魔（欲界天子魔）
  - （一）精魅：十二時獸
  - （二）堆剔鬼：吉支
  - （三）魔惱：違情、順情、非違非順三種五塵境界。

除諸法實相，一切皆是魔事。卻魔之法，有修止、修觀兩種。

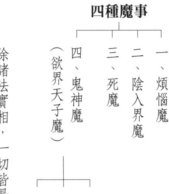

梵音「魔羅」，秦言「殺者」。奪行人功德之財，殺行人智慧之命，是故名之為「惡魔」。事者，如佛以功德智慧、度脫眾生入涅槃為事；魔常以破壞眾生善根、令流轉生死為事。若能安心正道，是故道高方知魔盛，仍須善識魔事——但有四種：一煩惱魔，二陰入界魔，三死魔，四鬼神魔。三種皆是世間之常事，及隨人自心所生，當須自心正除遣之，今不分別。鬼神魔相——此事須知，今當略說。鬼神魔有三種：

一者精魅：十二時獸變化作種種形色——或作少女、老宿之形，乃至可畏身等非一，惱惑行人。此諸精魅欲惱行人，各當其時而來，善須別識；若於寅時來者，必是虎獸等；若於卯時來者，必是兔鹿等；若於辰時來者，必是龍鼈等；若於巳時來者，必是蛇蟒等；若於午時來者，必是馬驢駝等；若於未時來者，必是羊等；若於申時來者，必是猿猴等；若於酉時來者，必是雞烏等；若於戌時來者，必是狗狼等；若於亥時來者，必是猪等；子時來者，必是鼠等；丑時來者，必是牛等；行者若見常用此時來，即知其獸精，說其名字訶責，即當謝滅。

二者堆剔鬼：亦作種種惱觸行人——或如蟲蝎，緣人頭面，鑽刺熠熠，或擊櫪人兩腋下，或乍抱持於人，或言說音聲喧鬧，及作諸獸之形，異相非一，來惱行人。應即覺知，一心閉目，陰而罵之，作是言：「我今識汝，汝是閻浮提中食火臭香、偷臘吉支⑳，邪見喜破戒種，我今持戒，終不畏汝！」若出家人，應誦戒本；若在家人，應誦三歸五戒等，鬼便卻行匍匐而去。如是若作種種留難惱人相貌，及餘斷除之法，並如《禪經》中廣說。

三者魔惱：是魔多化作三種五塵境界相，來破善心——一作違情事，則可畏五塵，令人恐懼。二作順情事，則可愛五塵，令人心著。三非違非順事，則平等五塵，動亂行者。是故魔名「殺者」，亦名「華箭」，亦名「五箭」——射人「五情」故。名色中作種種境界，惑亂行人。

作順情境者，或作父母兄弟、諸佛形像、端正男女、可愛之境，令人心著。作違情境界者，或作虎狼、師子、羅剎之形，種種可畏之像，來怖行人。作非違非順境者，則平常之事，動亂人心，令失禪定。故名為魔。或作種種好惡之音聲，作種種香臭之氣，作種種好惡之味，作種種苦樂境界，來觸人身，皆是魔事，其相眾多，今不具說，舉要言之：若作種種五塵，惱亂於人，令失善法，起諸煩惱，皆是魔軍，以能破壞平等佛法，令起貪欲、憂愁、瞋恚、睡眠等諸障道法，如經偈中說：

「欲是汝初軍，憂愁為第二，飢渴第三軍，渴愛[71]為第四，
睡眠第五軍，怖畏為第六，疑悔第七軍，瞋恚為第八，
利養虛稱九，自高慢人十，如是等眾軍，壓沒出家人，
我以禪智力，破汝此諸軍，得成佛道已，度脫一切人。」

行者既覺知魔事，即當卻之。卻法有二：一者修止卻之——凡見一切外諸惡魔境，悉知虛誑，不憂不怖，亦不取不捨，妄計分別[72]，息心寂然，彼自當滅。二者修觀卻之——若見如上所說種種魔境，用止不去，即當反觀能見之心，不見處所，彼何所惱？如是觀時，尋當滅謝。若遲遲不去，但當正心，勿生懼想，不惜軀命，正念不動，知「魔界如」即「佛界如」，若「魔界如」「佛界如」，一如無二如；如是了知，則魔界無所捨，佛界無所取，佛法自當現前，魔境自然消滅。

復次：若見魔境不謝，不須生憂；若見滅謝，亦勿生喜。所以者何？未曾見有人坐禪見魔化作虎狼來食人，亦未曾見魔化作男女來為夫婦。當其幻化，愚人不了，心生驚怖及起貪著，因是心亂，失定發狂，自致其患，皆是行人無智受患，非魔所為。若諸魔境惱亂行人，或經年月不去，但當端心，正念堅固，不惜身命，莫懷憂懼，當誦大乘方等諸經治魔呪，默念誦之，存念三寶；若出禪定，亦當誦呪自防、懺悔慚愧，及誦波羅提木叉[73]，邪不干正，久久自滅。

魔事眾多，說不可盡，善須識之。是故初心行人必須親近善知識。為有如此等難事，是魔入人心，能令行者心神狂亂，或喜或憂，因是成患致死；或時令得諸邪禪定智慧、神通陀羅尼[74]，說法教化，人皆信伏，後即壞人出世善事及破壞正法。如是等諸異非一，說不可盡，今略示其要，為令行人於坐禪中，不妄受諸境界。取要言之：若欲遣邪歸正，當觀諸法實相，善修止觀，無邪不破。故《釋論》云：「除諸法實相，其餘一切皆是魔事。」如偈中說：

「若分別憶想，即是魔羅網；
不動不分別，是則為法印⑮。」

治病第九

治病

- 一、明病發相
  - （一）四大增損病相
  - （二）五藏生患之相
    - 三種得病因緣：四大五藏增損、鬼神所作、業報。
- 二、明治病方法
  - 用止：守丹田、足下；斷攀緣。
  - 用觀：六種氣，十二種息。
    - 兼具十法

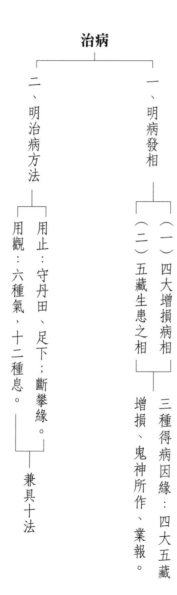

行者安心修道，或四大有病；因今用觀，心息鼓擊，發動本病；或時不能善調適身、心、息三事，內外有所違犯，故有病患。夫坐禪之法，若能善用心者，則四百四病自然除差；若用心失所，則四百四病因之發生。是故若自行化他，應當善識病源，善知坐中內心治病方法。一旦動病，非唯行道有障，則大命慮失。今明治病法，中有二意——一明病發相，二明治病方法。

一明病發相者；病發雖復多途，略出不過二種：

一者四大增損病相：若地大增者，則腫結沉重，身體枯瘠，如是等百一患生。若水大增者，則痰陰脹滿，食飲不消，腹痛下痢等，百一患生。若火大增者，即煎寒壯熱，支節皆痛，口氣大小便痢不通等❼❻，百一患生。若風大增者，則身體虛懸，戰掉疼痛，肺悶脹急，嘔逆氣急，如是等百一患生。故經云：「一大不調，百一病起；四大不調，四百四病，一時俱動。四大病發，各有相貌，當於坐時及夢中察之。」

二者五藏生患之相：從心生患者，身體寒熱及頭痛、口燥等，心主口故。從肺生患者，身體脹滿，四支煩疼，心悶、鼻塞等，肺主鼻故。從肝生患者，多無喜心，憂愁不樂，悲思瞋恚，頭痛、眼闇、昏悶等，肝主眼故。從脾生患者，身體面上遊風，遍身㿏痒、疼痛，飲食失味等，脾主舌故。從腎生患者，咽喉噎塞，腹脹、耳聾等，腎主耳故。五藏生病眾多，各有其相，當於坐時及夢中察之可知。

如是四大五藏，病患因起非一，病相眾多，不可具說，行者若欲修止觀法門，脫有患生，應當善知因起。此二種病通因內外發動，若外傷寒冷風熱，飲食不消，而病從二處發者，當知因外發動；若由用心不調，觀行違僻，或因定法發時，不知取與，而致此二處患生，此因內發病相。

復次：有三種得病因緣不同；一者四大五藏增損得病，如前說。二者鬼神所作得病。三者業報得病。如是等病，初得即治，甚易得差；若輕久則病成，身羸病結，治之難愈。

二明治病方法者：既深知病源起發，當作方法治之。治病之法，乃有多途，舉要言之：不出止、觀二種方便。

云何用止治病相？有師言：「但安心止在病處，即能治病。」所以者何？心是一期果報之主，譬如王有所至處，群賊迸散。次有師言：「臍下一寸名『憂陀那』，此云『丹田』，若能止心守此不散，經久即多有所治。」有師言：「常止心足下，莫問行、住、寢臥，即能治病。」所以者何？人以四大不調，故多諸疾患，此由「心識」上緣，故令四大不調；若安心在下，四大自然調適，眾病除矣。有師言：「但知諸法空無所有，不取病相，寂然止住，多有所治。」所以者何？由心憶想鼓作四大，故有病生；息心和悅，眾病即差。故《淨名經》云：「何為病本？所謂攀緣。云何斷攀緣？謂心無所得。」如是種種說，用止治病之相非一，故知善修止法，能治眾病。

次明觀治病者：有師言：「但觀心想，用六種氣治病者，即是觀能治病。」何等六種氣？一吹，二呼，三嘻，四呵，五噓，六呬。此六種息，皆於唇口之中，想心方便，轉側而作，綿微而用。頌曰：

「心配屬呵腎屬吹，脾呼肺呬聖皆知。
肝藏熱來噓字至，三焦壅處但言嘻。」

有師言：「若能善用觀想，運作十二種息，能治眾患——一上息，二下息，三滿息，四焦息，五增長息，六滅壞息，七煖息，八冷息，九衝息，十持息，十一和息，十二補息。此十二息，皆從觀想心生。」今略明十二息對治之相：上息治沉重，下息治虛懸，滿息治枯瘠，焦息治腫滿，增長息治羸損，滅壞息治增盛，煖息治冷，冷息治熱，衝息治壅塞不通，持息治戰動，和息通治四大不和，補息資補四大衰。善用此息，可以遍治眾患，推之可知。有師言：「善用假想觀，能治眾病，如人患冷，想身中火氣起，即能治冷。」此如《雜阿含經》治病祕法七十二種法中廣說。有師言：「但用止觀❼，檢析身中四大病不可得；心中病不可得，眾病自差。」如是等種種說，用觀治病，應用不同，善得其意，皆能治病。

當知止、觀二法，若人善得其意，則無病不治也。但今時人根機淺鈍，作此觀想，多不成就，世不流傳。又不得於此更學氣術、休糧，恐生異見。金石草木之藥，與病相應，亦可服餌。若是鬼病，當用彊心加呪，以助治之。若是業報病，要須修福懺悔，患則消滅。此一種治病之法，若行人善得一意，即可自行兼他，況復具足通達！若都不知，則病生無治，非唯廢修正法，亦恐性命有虞，豈可自行教人！是故欲修止觀之者，必須善解內心治病方法。其法非一，得意在人，豈可傳於文耳！

復次：用心坐中治病，仍須更兼具十法，無不有益。十法者：一信，二用，三勤，四常住緣中，五別病因法⑱，六方便，七久行，八知取捨，九持護，十識遮障。云何為信？謂信此法必能治病。何為用？謂隨時常用。何為勤？謂用之專精不息，取得差為度⑲。何為住緣中？謂細心念念依法，而不異緣。何為別病因起？如上所說。何為方便？謂吐納運心緣想，善巧成就，不失其宜。何為久行？謂若用之未即有益，不計日月，常習不廢。何為知取捨？謂知益即勤⑳，有損即捨之，微細轉心調治。何為持護？謂善識異緣觸犯。何為遮障？㉑謂得益不向外說，未損不生疑謗。若依此十法所治，必定有效不虛者也。

證果第十

證果

- 從假入空觀：定力多故，不見佛性。
- 從空入假觀：智慧力多故，雖見佛性而不明了。
- 中道正觀：定、慧力等，了了見佛性。

- 初心菩薩證果之相
- 後心所證境界不可知，推教所明，不離止、觀二法。

若行者如是修止觀時，能了知一切諸法皆由心生，因緣虛假不實故空，以知空故，即不得一切諸法名字相，則「體真止」也。爾時上不見佛果可求，下不見眾生可度，是名「從假入空觀」，亦名「二諦觀」[82]，亦名「慧眼」，亦名「一切智」。若住此觀，即墮聲聞辟支佛地。故經云：「諸聲聞眾等自歎言：我等若聞淨佛國土，教化眾生心不喜樂。」所以者何？一切諸法皆悉空寂，無生無滅，無大無小，無漏無為。如是思惟，不生喜樂。當知若見無為入正位者，其人終不能發三菩提心[83]，此即「定力多故，不見佛性」。

若菩薩為一切眾生，成就一切佛法，不應取著無為而自寂滅，爾時應修「從空入假觀」，則當諦觀心性雖空，緣對之時，亦能出生一切諸法，猶如幻化，雖無定實，亦有見聞覺知等相，差別不同。行者如是觀時，雖知一切諸法畢竟空寂，能於空中修種種行，如空中種樹，亦能分別眾生諸根。性欲無量故，則說法無量。若能成就無礙辯才，則能利益六道[84]眾生。是名「方便隨緣止」，乃是「從空入假觀」，亦名「平等觀」，亦名「法眼」，亦名「道種智」。住此觀中，「智慧力多故，雖見佛性而不明了。」

菩薩雖復成就此二種觀，是名「方便觀門」，非「正觀」也。故經云前二觀為「方便道」。因是二空觀[85]，得入中道第一義觀，雙照二諦[86]，心心寂滅，自然流入「薩婆若海」[87]。

若菩薩欲於一念中具足一切佛法，應修「息二邊分別止」[88]，行於中道正觀。云何修正觀？若體知心性非真非假，息緣真假之心，名之為「正」；諦觀心性非空非假，而不壞空假之法。若能如是照了，則於心性通達中道，圓照「二諦」。若能於自心見中道、二諦，則見一切諸法中道、二諦，亦不取中道、二諦，以決定性不可得故。是名中道正觀。如《中論》偈中說：

「因緣所生法，我說即是空，

亦名為假名，亦名中道義。」

深尋此偈意，非惟具足分別中觀之相，亦是兼明前二種方便觀門旨趣，當知中道正觀則是「佛眼」、「一切種智」，若住此觀，則「定、慧力等，了了見佛性」，安住大乘，行步平正，其疾如風，自然流入「薩婆若海」。行如來行，入如來堂，著如來衣，坐如來座，則以如來莊嚴而自莊嚴，獲得六根清淨，入佛境界，於一切法無所染著，一切佛法皆現在前，成就念佛三昧。安住首楞嚴定[89]，則是普現[90]色身三昧。普入十方佛土，教化眾生，嚴淨一切佛剎，供養十方諸佛，受持一切諸佛法藏，具足一切諸行波羅蜜，悟入大菩薩位，則與普賢、文殊為其等侶。常住法性身[91]中，則為諸佛稱歎授記[92]，則是莊嚴兜率陀天[93]，示現降神母胎，出家，詣道場，降魔怨，成正覺，轉法輪，入涅槃。於十方國土究竟一切佛事，具足真、應二身[94]，則是初發心菩薩也。

《華嚴經》中，初發心時便成正覺，了達諸法真實之性，所有慧身，不由他悟。亦云：「初發心菩薩，得如來一身作無量身。」亦云：「初發心菩薩即是佛。」《涅槃經》云：「發心畢竟二不別，如是二心前心難。」《大品經》云：「須菩提，有菩薩摩訶薩，從初發心即坐道場，轉正法輪。」當知則是菩薩為如佛也。《法華經》中，龍女所獻珠為證。95如是等經皆明初心具足一切佛法，即是《大品經》中「阿字門」，即是《法華經》中「為令眾生開佛知見」，即是《涅槃經》中「見佛性故住大涅槃」。

已略說初心菩薩因修止觀證果之相，次明後心證果之相。後心所證境界則不可知，今推教所明，終不離止、觀二法。所以者何？如《法華經》云：「殷勤稱歎諸佛智慧。」則觀義，此即約觀以明果也。《涅槃經》廣辯百句解脫96，以釋「大涅槃者」，「涅槃」則止義，是約止以明果也。故云：「大般涅槃，名常寂定。」定者即是止義。《法華經》中雖約觀明果，則攝於止，故云：「乃至究竟涅槃，常寂滅相，終歸於空。」「涅槃」中雖約止明果，則攝於觀，故以三德97為大涅槃。此二大經，雖復文言出沒不同，莫不皆約止、觀二門，辨其究竟，並據定、慧二法，以明極果。行者當知初、中、後果，皆不可思議。故新譯《金光明經》云：「前際如來不可思議，中際如來種種莊嚴，後際如來常無破壞。」皆約修止、觀二心，以辨其果故。《般舟三昧經》中偈云：

「諸佛從心得解脫，心者清淨名無垢，
五道鮮潔不受色[98]，有學此者成大道。」
誓願所行者，須除三障[99]五蓋，如或不除，雖勤用功，終無所益。

校記與註釋

❶三昧：梵語，或稱「三摩地」，漢譯「正定」。

❷結：結使煩惱，有見思結、塵沙結和無明結三種。凡夫眾生皆被此三種煩惱結縛。

❸十住：指修十信後所達到的境界，共有十種，由初住至七住，斷「見思」惑；八住至十住，分破「塵沙」。

❹智斷：修止即得「斷德」，修觀則得「智德」。

❺「事等貧人」句：只知研究佛學，不知學佛之行，好像窮人只知算財寶，卻不知拿來用，仍然不能解救貧困。

❻無漏：「漏」是「煩惱」的意思，成佛後「無漏」，三界煩惱「有漏」。

❼五逆：弒父、弒母、弒阿羅漢、出佛身血、破和合僧。

❽三歸五戒：「歸」同「皈」，三皈指皈依佛、法、僧三寶。五戒指不殺、不盜、不邪淫、不妄語、不酒。

❾沙彌十戒：前五戒中，不邪淫改為不淫，再加不坐高廣大床、不著華鬘衣、不往

觀聽歌舞、不非時食、不捉持金銀財物等五戒。

❿具足戒：比丘二百五十戒，比丘尼三百五十戒。

⓫重：指四重罪，四波羅夷之根本大戒——淫、殺、盜、妄。「波羅夷」漢譯為「棄」，又名「不可懺」。

⓬發露先罪：揭發自己過去所犯的罪。

⓭斷相續心：斷造惡之相續心，不再造惡。

⓮觀罪性無生：前九種都是「事懺」，這一種是「理懺」，功效最大。一切罪由心所造，心既推之不可得，罪也不可得。傳說四祖到三祖處懺悔，三祖說：「把罪拿來，我幫你懺悔。」四祖返觀自心，說：「我全然找不到罪。」三祖便說：「我幫你懺悔完了。」

⓯莊嚴道場：「莊嚴」是動詞。把懺悔的道場布置得莊嚴。

⓰尸羅清淨：「尸羅」意為「戒」。從懺悔見罪滅相後，堅持禁戒，仍可稱為「戒行清淨」。

⓱雪山大士：即釋迦牟尼佛，他曾在雪山苦行六年。

⓲頭陀法：佛教的苦行方法；行頭陀時，佛教僧人應當持守十二項苦行，內容分衣、食、住三類，即著糞掃衣（也稱百衲衣）、常乞食、住空閑處等，包括：一、常行

乞食。二、次第乞食。三、受一食法。四、節量食。五、中後不得飲漿。六、在阿蘭若處。七、著弊納衣。八、但三衣。九、塚間住。十、樹下止。十一、露地坐。十二、但坐不臥。

⑲糞掃、三衣：把撿來的污布洗乾淨，再縫成衣，就叫糞掃衣。三衣指五衣、七衣和大衣三種衣。五衣是平常所穿的，七衣是誦經禮拜作佛事時穿的，大衣就是「僧伽黎」，是登座說法時穿的。五、七指縫綴成衣的布片數目。

⑳說淨：佛在世時，弟子擁有的東西都要「說淨」。就是發心把這東西供養三寶大眾，把它看成大眾賜給的東西，不屬於自己。

㉑四種邪命：一下口食，以口向下得食，例如耕田種地。二仰口食，仰觀星宿，哄騙人能預測天氣，以此為生。三維口食，想種種辦法維持生計，例如結交富豪。四方口食：遊行四方，替人看相、算命和賣藥等。

㉒白衣：在家人的通稱，和僧人的緇衣（黑衣）相對。

㉓因緣、知色：據《釋禪波羅蜜》卷二及上下文補此四字。

㉔與畜生同有：不獨人道特有，鬼、畜、天仙亦有之。《釋禪波羅蜜》卷二「畜生」作「眾生」。

㉕沉墮三塗：「塗」同「途」。墮於地獄，終年被火燒煮，稱為「火途」；墮於畜

生道，互相吞噉，茹毛飲血，稱為「血途」；墮於餓鬼道，被大力鬼王持刀和杖打，稱為「刀途」。

㉖九孔：七竅再加上尿道、肛門。

㉗九惱：這人現在惹惱我、惹惱我親戚和讚歎我的冤家，這是現在的三種瞋，過去和未來也各有這三種瞋，合起來稱為「九惱」。

㉘便起心惱彼：《釋禪波羅蜜》卷二作「故欲加報惱彼」。

㉙不淨假名人：此身猶如臭屍，為種種不淨之物聚成，有名無實，不過假名而已，其實空無所有。

㉚用禪鎮、杖卻之：用禪鎮或禪杖來警策修行人，使不落入昏沉，而可以清醒地用功。

㉛故不敬心受行：據《釋禪波羅蜜》卷二補「故不」二字，意較明。

㉜見疑從癡生：《釋禪波羅蜜》卷二「見」作「是」。

㉝三毒、等分、四法：三毒指貪、瞋、癡。三毒兩兩相配，或者同時發生，都歸於「等分」。四法指三毒加上等分。

㉞羅睺阿修羅手障：阿修羅王羅睺的手最大，能遮蔽日月之光。日月譬如智慧，五蓋譬如遮蔽日月的煙、塵、雲、霧和羅睺阿修羅手等五事。

㉟十方三世：十方指東、西、南、北、東南、東北、西南、西北、上、下。三世指過去、未來、現在。

㊱「無記」等：「無記」意為「無所記別」，有兩種──不善不惡，不昏不散，稱為「明了無記」；自心胡胡塗塗，昏昧闇閉，稱為「蓋覆無記」。內外根塵妄識：內六根、外六塵、中六識。三界：欲界、色界、無色界。

㊲是以身雖在定外：據《釋禪波羅蜜》卷二補「是以」二字，意較明。

㊳「閉口」句：《釋禪波羅蜜》卷二作「出盡閉口，由鼻中內清氣」。

㊴是息調相也：「息調」二字原倒，據《釋禪波羅蜜》卷二及上下文改。

㊵是故氣上向：原無「氣」字，據《釋禪波羅蜜》卷二補，意較明。

㊶調二事：「二」疑當作「三」。

㊷想息：原無「息」字，據《釋禪波羅蜜》卷二補，意較明。

㊸「譬如善調馬」句：有如受過良好訓練的馬，要它停就停，要它走就走。

㊹欲為其本：《釋禪波羅蜜》卷二此下有一段補充文字：「問曰：『希望心生，於修禪中則為妨礙，云何以此為方便耶？』答曰：『夫欲者，祇是大志成就願樂之心，故名為欲。不應於用心時，起希望憶想之念。若希望心起，則不澄靜；若不澄靜，則三昧無由得發矣。』」

㊺譬如鑽火未熱：《釋禪波羅蜜》卷二作「鑽火未然」，「然」通「燃」。「熱」疑當作「爇」，燒也。鑽木取火不能中止，一定要點著火才休息，不然前功盡廢。

㊻四威儀：於行、住、坐、臥中，皆有威可畏，有儀可則。

㊼妄念心息：「心」疑當作「止」。「心」、「止」二字易相亂。下同。

㊽「非無剎那」至「念起」：心與諸法雖了不可得，然非同頑空木石之無知，故云：非無剎那之念。現在一念有情無情之境界，無不覺知明了清楚，故云：任運覺知念起。

㊾無記：指「蓋覆無記」，參考註㊱。這種情較常發生在老修行者的身上。初心用功者的通病是散亂，少有「無記」。

㊿「愛見煩惱」句：不起分別，則見煩惱不起；不生貪染，則愛煩惱無由生。

(51)四大：古印度人相信世界萬物都由地、水、風、火等四大元素構成。人身中，皮毛骨肉等堅礙者屬地，唾涕大小便等濕潤者屬水，身中暖氣屬火，動轉屬風。

(52)六情：即眼、耳、鼻、舌、身、意等六根。「五情」則減去意根。

(53)「六分」句：頭、身、兩手、兩足等六分，稱為身根。

(54)摩訶衍：梵語「摩訶」有大、多、勝三種意思。「衍」意為「乘」。「摩訶衍道」即大乘之道，菩薩摩訶衍意為「菩薩中之大菩薩」。

❺❺僧伽梨：即大衣，參考註⓳。

❺❻「憺怕」句：「憺怕」同「澹泊」。斯樂非天樂：寂滅之樂，迥非人世天上之生滅樂可比。

❺❼欲界及未到地等定：欲界定即是指屬於欲界之定，但欲界是屬於散地，不應有定，故有人說欲界定即未到定。另有人說欲界亦有少分定心，但不永續，滅去甚速，故也名電光定。未到地定，亦名未至地、未到定，色與無色界定各有根本定與近分定，未到地定即是初禪的近分定，因其定屬欲界的範圍，故有時亦以「欲界定」名之。

❺❽「將息不得」句：《釋禪波羅蜜》卷三作「將息得所，定心不退」。

❺❾痛：《釋禪波羅蜜》卷三作「動」，有解釋，當是。

❻⓿中人：不親不怨之人，介於親人和怨人間。怨人即仇人。

❻❶無明、行等諸因緣：指十二因緣——無明、行、識、名色、六入、觸、受、愛、取、有、生和老死。

❻❷離斷常：三世迭謝，故不常；三世相續，故不斷。

❻❸五陰、十二處、十八界：五陰即色、受、想、行、識。十二處或稱十二入，即六根加六塵；再加六識即十八界。三者即下文「陰入界魔」。

❻❹「忽然憶念」句：相好：三十二相，八十種妙好。十力：十種智力。無畏：四無

所畏。不共：十八不共法。

65「或發」至「死離盡想」：此述「四念處」（念即能觀之智，處即所觀之境）；一觀身不淨，二觀受是苦，三觀心無常，四觀法無我。「空」字與下文重，疑衍，《釋禪波羅蜜》卷三無此字。

66「念佛」至「天」：此稱為「六念法門」，「捨」指施捨，「天」指天神。

67「念處」至「根、力、覺、道」：此稱為「發三十七科道品」，指四念處、四正勤、四如意足、五根、五力、七覺支、八正道。

68「空」至「波羅蜜」：空、無相、無作即「三解脫門」。六度即「六波羅蜜法門」。「波羅蜜」意為「到彼岸」。

69逶迤垂熟：「逶迤」同「委蛇」，曲也。「垂」疑當作「睡」。

70偷臘吉支：寶靜大師把「臘」講成「僧臘」：「謂盜僧法歲。」吉支：鬼名，本由破戒所致，故聞戒序，猶生愧心，況有戒神保護。

71渴愛：《釋禪波羅蜜》卷四作「觸愛」。

72妄計分別：疑當作「不妄計分別」。

73波羅提木叉：漢譯作「戒」。

74陀羅尼：漢譯「總持」，謂於一切善法，能持令不散不失也。

75 法印：印，定也。謂一切諸法無不以此印而印定之，故云「法印」。

76 口氣大小便痢不通等：《釋禪波羅蜜》卷四作：「口爽，大小行不通利等。」「痢」疑當作「利」，「便利」即「大小便」。口爽，口病也，疑是。「老子」：「五味令人口爽。」

77 但用止觀：此處全說「觀」法，不應涉「止」，「止」疑是「心」之誤。

78 別病因法：「因法」應為「因起」，據《釋禪波羅蜜》卷四及下文改。因起：起因；緣起。

79 得差為度：《釋禪波羅蜜》卷四「差」作「汗」。「取……為度」是「用：作為衡量標準」的意思。「差」是「痊癒」的意思。

80 知益即勤：《釋禪波羅蜜》卷四「勤」下有「用」字。

81 何為遮障：當云「何為識遮障」。

82 二諦觀：觀真諦，泯一切法；觀俗諦，則建立一切法。行者觀一切諸法因緣虛假不實故空，即是真諦觀；雖然因緣不實，空無所有，而不妨萬象差別，即是俗諦觀。

83 三菩提心：即阿耨多羅三藐三菩提心，漢譯「無上真等正覺」。

84 六道：天道、人道、阿修羅道、畜生道、餓鬼道、地獄道。

85 二空觀：二空即我空、法空。修空觀則證我空，修假觀則證法空。

❽雙照二諦：雙離二邊，即空即假；雙照二邊，即中道義。

❽薩婆若海：「薩婆若」漢譯「智慧」。念念流入諸佛大智慧海。

❽息二邊分別止：二邊指一切對待法而言，如空有、大小、高下、長短。「二邊對待法」本非實有，因為都由比較產生。現在對一切之境不起分別，所以說「息」。

❽首楞嚴定：「首楞嚴」漢譯「健相分別」，又名「堅固不壞」、「根本大定」、「三昧中王」。

❾普現：如天上一月，普印千江。所謂「千江有水千江月，萬里無雲萬里天」。

❾法性身：即真如法性清淨之體。

❾諸佛稱歎授記：佛對菩薩等懸記其將來必當作佛。《法華經》云：「汝阿逸多，當來作佛，號曰彌勒。」

❾兜率陀天：「兜率陀」意為「知足」，此天為「六欲天」第四天。凡菩薩欲成道作佛，皆住此天內院，時機成熟則降生人間。

❾真、應二身：真身如天上月，應身如水中月。真身如體，應身是用；體是不變，用是隨緣。

❾文殊在龍宮度化了很多眾生，其中有一位龍女的善根很利，雖然只有七歲，卻要成佛了。大家都覺得很疑惑。龍女就把自己頸項上的瓔珞解下來送給釋迦牟尼佛，然後

問釋迦的弟子舍利弗：「你看我這個動作快嗎？」舍利弗說：「很快。」龍女說：「我成佛更快。」她就馬上去到南方無垢世界成佛。

96 廣辯百句解脫：迦葉請世尊重為廣說大涅槃之義，世尊為之廣辯，共有百句，各個不同。

97 三德：涅槃有三種——圓淨涅槃，即般若德；方便淨涅槃，即解脫德；性淨涅槃，即法身德。

98 「五道」句：六道減去阿修羅就是五道。眾生雖輪迴於五道，但仍有解脫分，故可通過修道，而解脫生死。

99 三障：煩惱障、業障和報障，能障卻三德。

字詞匯釋

- 叔世：國衰為叔世。
- 眴：同瞬。
- 阿蘭若：略稱「蘭若」，意為「空閑處」，即僧人所居處也。
- 檀越：施主。
- 極近：最近。

‧憒：亂也。
‧伽藍：佛寺。
‧結使臥者：本來降伏的煩惱。
‧身分：軀幹為六分之一，故稱身分。
‧諍：訟。
‧支節：「支」同「肢」。
‧穴鼻駱駝：穴，穿。寶靜大師講成「沒穿鼻的駱駝」，是把「無鈎醉象」的「無」字連下來講。
‧是：常作「此」解，「如是」即「如此」，「是人」即「此人」。
‧無所趣：「趣」同「趨」。
‧師子：即獅子。
‧沉沒：沉溺。
‧麁：同「粗」。
‧錄：檢束。
‧逆作方便：預作方便。
‧若存若亡：「亡」通「無」。

- 揜：同「掩」。
- 聲如響相：響，回聲。
- 厭足：滿足。「厭」同「饜」。
- 無倫匹：無比。
- 相濫：相混。
- 膖：脹。
- 熠熠：鮮明。
- 擊櫪：「櫪」當作「攊」，擊也。
- 卻行匍匐：倒退爬行。

國家圖書館出版品預行編目資料

小止觀講記 ／ 釋繼程著. -- 初版 . -- 臺北市
：法鼓文化, 民97.12
面 ； 公分

ISBN 978-957-598-445-8（平裝）

1. 天臺宗 2.注釋

226.42 97020770

智慧人 9

小止觀講記

著者／釋繼程
出版／法鼓文化
總監／釋果賢
總編輯／陳重光
責任編輯／李金瑛
封面設計／兩隻老虎廣告設計公司
內頁美編／連紫吟、曹任華
地址／臺北市北投區公館路186號5樓
電話／(02)2893-4646 傳真／(02)2896-0731
網址／http://www.ddc.com.tw
E-mail／market@ddc.com.tw
讀者服務專線／(02)2896-1600
初版一刷／2008年12月
初版九刷／2024年6月
建議售價／新臺幣300元
郵撥帳號／50013371
戶名／財團法人法鼓山文教基金會－法鼓文化
北美經銷處／紐約東初禪寺
Chan Meditation Center (New York, USA)
Tel／(718)592-6593 E-mail／chancenter@gmail.com

法鼓文化